이직의 기술

최고의 커리어를
빌드업 하는
직장생활 노하우

최고의 커리어를 빌드업 하는
직장 생활 노하우

이직의 기술

초판 1쇄 인쇄 2023년 8월 17일
초판 1쇄 발행 2023년 8월 24일

지은이 김대희

발행인 백유미 조영석
발행처 (주)라온아시아
주소 서울특별시 서초구 방배로 180 스파크플러스 3F

등록 2016년 7월 5일 제 2016-000141호
전화 070-7600-8230   **팩스** 070-4754-2473

값 17,000원
ISBN 979-11-6958-075-5 (13320)

라온북은 독자 여러분의 소중한 원고를 기다리고 있습니다. (raonbook@raonasia.co.kr)

최고의 커리어를 빌드업 하는 직장 생활 노하우

JOB SWITCH

이직의 기술

김대희 지음

아무도 보장해주지 않는 나의 미래,
실력과 운, 기회를 최적으로 조합해 나만의 가치를 극대화하자

지금 이 순간에도 이직을 준비하라!

RAON
BOOK

이직은 필수, 직장인 생존 기술!

우리는 과연 회사 생활을 어떻게 해야 하고 어떤 목표로써 살아가야 할까? 이직이 필수인 시대, 과연 어떻게 이직을 하는 것이 현명한지, 그리고 어떤 목표로써 직장 생활을 해야 나에게 유리한 상황으로 이끌어 가야할지에 대해 수없이 생각했다. 이직을 통해 성장하는 나를 발견하는 것이 핵심으로, 이 책을 읽는 사람들이 중심을 잡고 생존을 하는 방법에 대해 조금이나마 도움이 되고 싶었다.

나는 굴곡 있는 삶. 즉 직장 생활을 경험하였다. 이 굴곡을 통해 앞으로 상승곡선을 그리기 위한 과정에 있다. 그리고 상승곡선이 될 수 있도록 지금도 게을리 하지 않고 직장 생활, 그리고 앞으로 더 나아가는 큰 그림을 그리고 있다.

나아가 내가 직장 생활을 하면서 가장 중요시하는 것, 생존하기 위해 한 일들에 대해 알려주고 싶다. 그리고 앞으로 목표를 이루기 위해 어떻게 해야 할지에 대해 머릿속에 그려보는 시간이 되기를 바란다. 앞으로 목표를 어떻게 세워야 할지에 대해 알고 싶다면 이 책의 핵심만을 뽑아내어 그것을 본인에게 적용하기를 바란다.

 이직은 현 사회를 살아가는 데 필수가 되고 있는 것이 현실이다. 이 현실에서 우리는 반드시 살아남아야 한다. 그리고 지금, 앞으로 더 나은 삶을 위해 생존해야 한다. 생존은 혼자만이 할 수 없다. 바로 이 책이 도움이 되기를 바라며, 내 생존법칙이 사회인들에게 긍정적인 영향력이 되기를 희망한다.

 우리는 인적, 사회적 네트워크로 엮여 있다. 이 긍정적 영향력이 네트워크의 허브가 되어 우리 사회인들이 직장 생활을 영위하는 데 핵심축이 되었으면 한다. 이 중심에서 독자들이 좋은 결실을 맺는 데에 나의 이직의 기술이 도움이 될 수 있었으면 한다.

김태희

차 례

2장

지금 이 순간도
이직을 준비하라

3장

더 나은 나를 위한 마인드셋

4장

이직 성공 노하우

5장

실전 이직
: 이직의 프로세스

1장

현실과 직면하고
이직의 문을 열자

　우리나라 직장은 과연 내겐 어떤 의미일까? 단순히 생각해보면 꿈을 이뤄줄 판타지 같은 곳일까? 아니면 돈을 많이 벌게 해줄 회사? 열심히 일하면 내게 잘했다고 보상을 해주는 곳?

　이처럼 직장은 각자 생각하는 여러 가지 의미가 있을 것이다. 직장은 단순히 직장일 뿐 내게 평생 직업을 선물해 주는 곳은 아니라고 생각한다. 그러면 우리는 직장을 어떻게 받아들여야 하고, 내 커리어 플랜을 어떻게 세워 대응해야 할까? 커리어 플랜을 세우는 과정 중 우리는 과거의 흐름부터 현재까지 어떻게 변화하고 있는지 알아볼 필요가 있다. 이로 인해 이직을 해야만 하는 결정적인 핵심을 발견하고자 한다.

✐평생직장 시대는 갔다

예전 우리 아버지 세대, 즉 70년대~80년대를 생각해보면 평생직장이라는 사회적 통념이 통했다. 열심히 하면 은퇴까지 걱정 없이 살아왔던 세대, 즉 우리 아버지 세대다. 이런 사회적 통념은 IMF가 지나면서 그리고 점차 20세기 후반, 21세기가 시작됨으로써 변화를 가져오게 된다. 우리 기업들은 외환위기를 겪으며 뼈를 깎는 고통의 시간을 보냈다. 그리고 구조조정이라는 명목하에 수많은 직장인들이 퇴사를 하게 됨으로써 새로운 국면에 접어들게 된다. 잘 다니던 직장을 한순간에 잃어버린 직장인들은 어떻게 해야 할지 몰라 비관, 자살 및 극단적 선택을 하는 경우도 뉴스에 나왔던 것으로 기억한다. 그리고 기성세대가 저물어가고 자식들이 사회 전반에서 활동하는 시대가 왔지만 다시금 AI와 로봇이 우리 세대들에게 축복이자 일자리를 빼앗아 가는 복병으로 등장하게 된다. 사람의 일자리를 대체하는 인공지능의 등장에 따라 인간 100명이 해야 할 일을 로봇이 스스로 처리할 수 있게 됨에 따라 우리의 일자리는 점점 줄어들고 있는 현실이다. 이렇듯 우리는 21세기로 넘어가면서 변하는 사회 현상으로 인해 직장인으로서 꾸준히 직업을 유지한다는 것이 그만큼 어려운 현실이 되어 버렸다. 그리고 해가 지날수록 우리 세대는 평생 직장이 없다는 걸 더 현실적으로 체감하고 있다.

직장인들이 생각하는 정년은 49.7세라고 한다. 체감하는 정년이 매년 짧아지고 있는 것이다. 이는 평생직장은 이제 없음을 의미한다. 결혼 시기도 늦춰지고 있는 추세에, 아이 낳는 시기도 늦어지고 있다. 우리는 경제활동을 적어도 60세까지는 해야 가족의 경제를 책임질 수 있다는 결론이 나온다. 아이는 어린데 퇴직은 빨라지는 모순되는 현상이 지금 우리 직장인들의 현실인 것이다. 직장인으로 어떻게 내 커리어의 큰 그림을 그려야 할지 철저한 준비가 필요하다.

⚲ 무한 생존경쟁 시대가 열렸다

오늘날 직장의 개념을 한마디로 '생존'으로 표현하고 싶다. 일자리는 한정되어 있고, 회사는 일자리를 늘리기도 하지만 근본적으로 일자리를 줄이면서 효율을 극대화시키려고 하는 곳이다. 한정된 채용인원, 시간이 지날수록 피라미드 구조가 되는 조직, 조직의 슬림화가 진행되고 있는 것이 우리가 일하는 직장이다. 우리는 이 같은 삶의 터전에서 살아남아야 한다.

여기서 생존을 위한 경쟁력을 키워야 한다. 생존 경쟁력은 바로 '전문가 기질의 업무경쟁력', '주변인의 나에 대한 긍정적 평판', '직장예절'이며, 이 기본 사항을 반드시 지켜야 한다. 앞으로 전개될 내용에서 다루게 되겠지만 무한경쟁에서 이기기 위해 끊임없이 경쟁력을 키워야 한다. 가장 중요한 것은 바로 '사람'이라고 말하고 싶다.

위에서 말한 3가지 생존 경쟁력은 모두 사람과 관련되어 있다. 그만큼 직장은 일을 잘하는 것은 중요하지만, 모든 내 커리어는 사람에 의해 좌우된다. 그리고 사람과 경쟁, 평판에서 승리하지 못하면 지는 싸움이 된다. 기본적인 업무 소양, 지식은 기본이고, 이를 토대로 치고 나갈 수 있는 강력한 내 생존 노하우를 쌓는 것이 핵심이다.

그리고 생각해볼 키워드는 '생존경쟁'이다. 사람과 사이 경쟁에서 이겨야만 살아남을 수 있다. 좋은 관계로 지내고 웃고 지내는 것처럼 보이지만 경쟁 구도는 어떠한 상황에서든 벌어질 수 있다. 그 타이밍에서 절대 밀리지 말아야 한다. 빈틈을 보이지 말아야 한다. 한 번, 두 번은 그럴 수 있다고 해도, 세 번째 밀리는 상황이 발생하면 한발 뒤로 물러서게 되고, 뒤로 격차가 서서히 벌어지게 된다. 경쟁이 아니라고 생각되는 상황이라 생각해도 경쟁은 늘 현재진행형임을 절대 잊지 말아야 한다.

⟋ 신입 당시부터 생존이 시작

회사에 어렵게 합격을 했더라도 회사는 다시 한번 검증의 과정을 거치게 된다. 연수를 통해 회사에 적합한 사람인지 평가한다. 그리고 경력직은 입사 후 3개월이라는 수습 기간을 두고 평가를 한다. 신입의 경우 성실함, 근면함, 체력 등 모든 것을 평가한 후 회사는 다시 한 번 판단하여 적합지 않다고 결론 내릴 시 합격을 취소하기도 하고, 경력직은 상호 간에 맞는지 여부를 판단하게 된다. 그리고 함께 손발을 맞춰 나갈지 여부를 결정하게 된다. 이는 내가 사회 첫발을 들일 때 겪은 사례다.

이렇듯 사회의 단면을 현실적으로 보여주는 사례로, 당시 나는 7시까지 맞춰 교육장에 들어가기 위해 새벽 4시에 일어나는 것을 반복했다. 그리고 회사의 덕목 18가지를 외우고 매일 새벽 시험을 봐야 했다. 시험에 탈락하면 재시험을 봐야 했기에 어떻게 해서든 모두 통과하기 위해 최선을 다했다. 교육받는 과정에서 성실, 근면하지 못한 인원이 정말 회사를 나가게 되는 상황도 실제로 발생했었다. 지금 생각하면 그때부터 사회의 쓴맛이 시작되었음을 알게 된 것 같다. 정신을 꼭 붙들어 매지 않고 취업, 취직을 했다는 단맛에 취하면 안 되고, 냉혹한 사회에서 살아남기 위해 영혼까지 끌어 모아야 한다는 것을 말이다.

당시에는 그저 열심히만 했고, 해내기 위해 회사가 하라는 대로 최선을 다했다. 이렇게 살아남아 첫 회사에서 약 8년이라는 시간을 보냈고, 이직을 통해 현재 위치까지 오게 되었다. 약 15년 이상 생존을 하고 있지만, 생존능력이 더 강해야 함을 절실히 느끼는 시기다. 치열한 생존 가운데 지금 내 나이보다 더 오래 직장 생활을 지속하려면 업무, 정치, 사람, 모든 것을 놓치면 안 된다는 것을 명심해야 한다. 일만 열심히 한다고 절대 생존할 수 없다. 위에서 말한 3가지를 챙기는 자만이 50 이상까지 직장 생활에서 살아남을 수 있을 것이다.

첫 직장이 평생을 좌우한다

현재 우리가 몸담고 있는 직장은 과연 어떠한가. 직장 생활

15년 차인 내가 생각하기에 첫 직장은 '인생의 학교'라는 의미를 부여하고 싶다. 내가 몸담은 첫 직장은 내게 평생 영향을 준 인생의 학교였다. 인생의 학교에서 배운 지식과 문화는 신입사원이 된 후 15년이 지난 지금에도 몸에 익힌 습관이 되어 현업에 적용하고 있다. 그래서 첫 직장에서 난 사람, 종교, 문화, 바른 습관을 배웠다. 첫 직장이 내게 어떤 영향을 주었는지에 따라 앞으로 10년 직장 생활을 좌우한다고 생각한다. 내가 첫 직장을 어떻게 생각하는지 한번 생각해볼 필요가 있다.

나는 첫 직장이 아직도 최선의 선택이었다고 생각한다. 정말 힘든 시기를 보냈지만, 그만큼 스스로 소중한 이직을 할 수 있는 도구를 가지고 나왔기 때문이다. 첫 직장 회장님의 말씀이 아직도 기억난다.

"여러분이 개인사업을 할 수 있을 정도로 지식이 무장되어 있다면 나가도 좋다. 하지만 그 정도 실력이 안 된다면 지금 회사에서 배워서 나가라."

이 말이 아마도 인생에서 들은 말 중 순위에 들지 않을까 생각된다. 그래서 나는 내 것을 할 수 있을 정도의 실력을 키우기 위해 앞만 보고 달려왔다. 결국 난 이 회사를 통해 동종업계 이직을 무난히 할 수 있었고, 이 회사를 통해 인생에서 멘토를 만나게 되었다. 이렇듯 난 첫 회사의 단추를 잘 꿰어 현재의 위치까지 올 수 있었다고 생각한다. 그리고 지금 현직에 있으며 이렇게 직장인 사회초년생을 위해 도움이 될 수 있는 일을 하고자 한다.

바로 이 글을 쓰기 시작한 이유다.

⌒첫 직장에서의 생각해볼 점

첫 직장에서 생각해볼 점은 다음과 같다.

1. 내게 어떤 영향을 주었는가?
2. 내게 어떤 사람을 만나게 해주었는가?
3. 내게 어떤 배움을 주었는가?
4. 내가 회사에게 어떤 존재였는가?
5. 내가 회사에 기여한 부분이 있는가?

이는 현 직장에 있는 분들도 과연 회사가 내게 어떤 영향력을 받고 있고, 내가 회사에 기여하고 있는 부분은 무엇인지를 모두 생각해볼 수 있다. 생존이라는 말로 표현했듯이, 첫 직장에서 내가 역할을 한 부분이 어떻게 회사에 기여했는지 세밀하게 측정되어야 한다는 것이다. 그래야만 생존의 도구를 획득할 수 있기 때문이다. 그저 회사만 다니다가 회사를 옮기는 맹목적인 접근이 되어서는 안 된다. 내가 첫 직장에서 무엇을 배웠고, 어떤 사람을 만났으며, 어떻게 관계를 유지하고 있고, 어떤 업적으로 기여했는지 면밀하게 생각하고, 내 생존무기, 즉 첫 직장의 무기를 반드시 만들어야 한다. 첫 회사에서 근무 연수는 이직 시 가장 중요한 포인트가 되기에 마음이 내키지 않아도 적어도 3년 이상은 최선을 다해야 한다는 점을 명심하자.

⌒현실과 직면하라

우리는 과거부터 현재까지 직장이 어떻게 변모되어 가는지 몸소 느끼고 있다. 그래서 첫 직장의 중요성과 직장에서의 직무 배정이 얼마나 중요한지 알고 있다. 이 책은 우리 평범한 직장인들이 앞으로 어떻게 현실을 타개하고 보다 의미 있는 회사로 가서 살아남아야 하는지에 대한 방법서가 될 것이다. 정답은 없다. 하지만 이 책을 통해 현재 고민하고 있는 수천만 직장인들의 고민을 덜어 주고 싶은 마음이다. 현재 내가 일하고 있는 직장, 직무를 적어놓자. 그리고 경력증명서를 적어놓고, 현실의 나를 직시한 다음 미래의 나를 그리는 페이지를 만들어가자.

✎ 현재 나이 :

━━━━━━━━━━━━━━━━━━━━━━━━━━━━━━

✎ 결혼유무 :

━━━━━━━━━━━━━━━━━━━━━━━━━━━━━━

✎ 결혼계획 :

━━━━━━━━━━━━━━━━━━━━━━━━━━━━━━

✎ 가족 수 :

━━━━━━━━━━━━━━━━━━━━━━━━━━━━━━

✎ 내 자산 : 경제적, 부동산 등

━━━━━━━━━━━━━━━━━━━━━━━━━━━━━━

✎ 직장 경력 연수 :

━━━━━━━━━━━━━━━━━━━━━━━━━━━━━━

✎ 현재 근무하고 있는 직장 / 직무 / 직책 :

━━━━━━━━━━━━━━━━━━━━━━━━━━━━━━

✎ 경력 증명서
  - 회사명 :
  - 직무 :
  - 근무 기간 :
  - 급여 :

02 이직을 해야만 하는 이유

╱이직은 필수다

이제는 이직이 이젠 필수인 시대에 살고 있다. 나 또한 이직이 필요하다고 생각했다. 한 회사에서 명퇴까지 있는 사람이 대한민국에 몇 %나 될까? 회사에서는 상위 1%만을 임원으로 올리고 나머지 99%는 만년 제한된 직급에서 직장인의 수명을 마감하게 한다. 한 직장에 있을 때까지 있으면서 직급이 올라갈 수 있다면 더할 나위 없이 좋겠지만, 그 대상이 얼마나 될까? 오래 있을 수 있으니 안정되고 좋다는 생각이 들 수도 있지만, 내가 생각하는 것은 그렇지 않다. 어느 정도 연차가 쌓이고 실력이 있다고 판단되면 나를 과감히 시장에 검증받아야 한다. 그래서 내 가치를 검정받기를 권장한다. 그리고 나를 사용한다는 회사가 나타나면 적극적으로 협상하여 내 직급, 연봉을 적정수준에서 업그레이드해야 한다.

학창 시절을 생각해보자. 이 시기가 언제 지나가나, 공부해야 하고, 학원가야 하고, 시계만 쳐다봐도 시간은 흘러가지 않고 학생으로만 머물 것 같은 기분이었을 것이다. 하지만 과거를 돌이켜 보면 그 시간은 정말 짧고 시간이 빛처럼 빨리 지나갔다. 언제 학생 신분이었나 싶을 정도로 지금은 직장인으로서 삶을 살아가고 있는 자신을 보게 된다. 지금 이 순간도 직장인으로서 시간은 학생 때보다 10배로 더 빨리 흘러가고 있다는 것을 알아야 한다. 하지만 힘들고 지치고 쉬고만 싶어서 회사, 집 이렇게 반복하다 1년은 내 의도와 다르게 흘러감을 깨닫자.

시간이 그만큼 없다는 것을 학창시절, 지금 직장 생활을 통해 비유적으로 설명을 했다. 늦은 취업, 빠른 은퇴, 빠른 명예퇴직이 현실이라는 점을 고려했을 때 우리는 빠른 의사 결정을 통해 이직을 성공시켜야 한다. 가만히 한 회사에서 세상을 바라보지 말라는 것이다. 더 넓은 세상, 기회는 내가 만들어 가는 것이다. 이직은 내 시야를 넓게 해주는 필수코스라는 점을 명심하자.

╱당당히 내 경력을 오픈하라

이직 시 나를 스스로 냉철하게 평가해야 한다. 평가는 정성, 정량적 점수로 하고, 이를 기준으로 내 이력서, 경력증명서를 만들어야 한다. 그리고 세상에 나를 오픈해야 한다. "나 이런 사람이야. 나는 이러한 프로젝트를 했고 결과를 이렇게 만들어냈어.

나는 충분히 해낼 수 있는 능력 있는 사람이야."라고 당당히 내세워야 한다. 자신감 있는 포인트는 상대방이 인식했을 때 당돌해 보일 수도 있지만, 당차고 자신감 있는 모습을 통해 더 높은 점수를 줄 수 있을 것이다. 내 경력으로 당당히 나를 포장하고 주변인들에게 알려라. 그리고 어떠한 상황에서도 해낼 수 있다는 믿음을 주어라.

↗이직은 나를 업그레이드해주는 수단이다

이직을 한다고, 회사를 옮긴다고 해서 내가 부족해서가 아니라 나를 위해서라는 자신감 있는 마음가짐이 필요하다. 그 자신감은 내 실력이 뒷받침되어야 한다는 것을 명심해야 한다. 실력이라는 것은 일을 잘한다기보다, 경력직으로서 내공이 얼마나 쌓였는가를 점검해야 한다. 이를 펼쳐 보일 수 있는 테스트의 장이 바로 이직을 통해 가능하다고 생각한다. 한 직장에서 물론 내 내공을 보여줄 수도 있지만, 반드시 한계가 존재한다. 이직을 한 곳에서 내가 내공을 적용하여 성과를 만들어낸다면 나의 커리어는 업그레이드되었다고 말할 수 있다. 일적으로 이직을 통해 나의 장점을 업그레이드할 수 있다. 이직을 바라볼 때 그저 회사가 싫어서, 맞지 않아서, 워라밸이 없어서, 급여가 적어서, 사람이 안 맞아서 등등 여러 가지 이유가 있겠지만, 반대로 내 경력으로 얻은 지식을 적용할 수 없어서, 다른 곳에서 좀 더 펼쳐 보이고 싶어서 등등 내게 긍정적 합리화가 필요하다. 그렇게 된다면 좀 더 업그레이드된 마인드로써 새로운 직장에서 좀 더 나은 커리어를 이어 갈 수 있을 것이다.

2장

지금 이 순간도
이직을 준비하라

이직에도 타이밍이 있다 | 01

↗ 이직의 키포인트는 타이밍

이직은 '타이밍'이 키포인트가 될 수 있다. 내가 퇴사하는 시점, 그리고 이직하려는 회사에서 구인하는 시점 등 모든 요소가 맞아야 이직은 성공할 수 있다. 1년을 주기로 본다면 이직 시장이 본격적으로 활기를 띠는 분기, 월이 존재한다. 목표로 하는 회사, 직무에 대해서 평상시 구인공고를 유심히 봐둘 필요가 있다.

↗ 연중 이직타이밍을 파악하라

회사는 연중 사람을 채용하는 공고로 구직 사이트를 메우고 있다. 회사마다 결원이 발생하거나, 중도 퇴사자에 대한 인력을 수급해야 하기 때문이다. 이직을 할 때는 내가 시점을 잠정적이라도 정할 필요가 있다. 내 의지로 인한 이직, 회사 사정으로 인한 이직, 이 두 가지가 가장 큰 이직의 요인이다. 그래서 우리는 언제 이직을 할지 모르는 상황에서 타이밍을 포착하고, 전략적으로 준비해야 한다. 잠정적으로 내가 언제 이직을 하겠다는 목표를 세우고, 해당 월에 반드시 이동하겠다는 다짐을 해야 한다. 해당 월을 설정할 때도 몸담고 있는 회사에서 진행하고 있는 일의 중요도를 잘 봐야 한다. 가령 어느 업종이나 마찬가지겠지만 내 업무의 비수기가 존재한다. 그 비수기를 전략적인 이직의 시간으로 잡고 이력서 작성, 면접 등이 행해진다면 좋은 이직의 시점을 잡을 수 있다.

↗정보력으로 시기에 맞게 지원하라

인력 수급 시점은 신입사원들도 알 수도 있겠지만, 알아도 그 자리로 지원하기는 쉽지 않을 수 있다. 어느 정도 연차가 쌓여야 한다. 동향만을 파악하되 앞으로 내가 가고 싶은 회사에 대한 정보는 지속적으로 체크해야 한다.

대리, 과장급 정도 5년 이상 되는 분들은 인력 수급 정보를 입수했다면 즉시 지원을 해야 한다. 내가 언제 어떻게 회사를 나가게 될지 모르는 상황에서 대안을 가지고 가는 것과 그렇지 못한 경우 이직이 반드시 차이가 나게 된다. 이때 적극적으로 선후배를 통해 추천을 받을 수도 있고, 공고를 보고 직접 지원을 할 수 있어야 한다.

공고 날짜는 기간이 정해져 있기 때문에 해당 기일 내에 반드시 지원해야 한다. 그냥 정보를 보고 넘기지 말고 다이어리에 꼼꼼히 회사, 직무 등 정보를 적어놓고 관리해야 한다. 그래야만 놓치지 않고 지원을 할 수가 있을 것이다. 이직도 회사 업무를 하는 것과 같이 신속함과 타이밍 전략이 필요하다. 쉽게 이뤄진다면 누구나 좋은 곳으로 이직을 하겠지만, 생각만큼 쉽지 않으므로 타 회사로 이직을 해야 할지 한 번쯤 고민해야 한다. 그래서 연말, 연초라면 2월 구정 전후, 8월이 지난 후 많은 사람들이 새로운 일자리를 알아보는 것을 볼 수 있다.

다년간의 경험으로 봤을 때 위와 같은 일정보다 앞, 뒤가 될 수 있지만, 여기서 말하는 것은 시기를 잘 보고 움직이라는 것이다. 2분기, 3분기에는 정말 1년 중 농사를 활발히 하는 기간이라 다들 일하느라 정신없이 시간이 흘러간다. 하지만 1분기, 4분기에는 어느 정도 재정비 기간이라 조직도 한 템포 쉬어가면서 내부적으로 다시 한번 돌아보는 시기다. 그때 자신이 성과를 내서 내년에도 살아갈 수 있는지, 승진 대상이 되어 연봉이 오를지, 아니면 버티기를 하면서 이직을 준비할지 잘 판단해야 한다.

어느 정도 시간이 지났다면 이직을 통해 새로운 문화, 경력을 만드는 것이 자신에게 이익이라고 말하고 싶다. 회사가 조직을 재정비하듯, 자신도 유리한 상황을 만들어가야 한다. 플러스 요인이 있다면 1~2년을 버티지만, 그 이후에는 위에서 말하듯 이직을 통해 가치를 상승시키라는 말이다.

30이 넘어가면서부터는 아무리 오래 다녀야 50까지 20년 직장 생활이 최대인데, 이 오랜 시간 동안 한 직장에서만 일한다는 것은 우물 안 개구리를 자처하는 것이 아닌지 진지하게 생각해 봐야 한다. 나 자신의 가치를 상승시키고 제 몫의 밥그릇을 챙기는 일은, 스스로 찾아서 해야 할 과제임을 명심하자.

✐이직 타이밍을 내 강점으로 만들어라

보통 재직 중 이직을 하는 경우가 있고 퇴사 후 이직을 알아보는 경우가 있다. 나는 현재까지 공백 기간을 최소화하고 바로 이어서 이직을 했다. 쉬는 기간이 없게끔 만드는 것이 내 목표였다.

이 공백 기간을 없애기 위해 난 먼저 내 경력기술서를 꼼꼼히 점검하고 나를 드러내 보일 수 있는 성과들을 하나하나 정리해 나갔다. 이력서를 먼저 준비해놓고 언제든 대비할 수 있게끔 했다.

예전 선배가 한 말이 있다. 이직을 하게 되면 옮긴 회사에서 오래 근무할 수도 있지만, 계속 옮겨 다니게 될 것이라는 말을 들었다. 난 아니겠지 했지만, 정작 내가 선배 말대로 움직이고 있었다. 여기엔 "좋다, 나쁘다"라는 평가의 의미는 따로 없다. 단, 이직 시 내가 얻은 것은 무엇이고 이를 토대로 어떤 점을 반성하고 개선해나갈지에 대해 생각하고 이를 실행한다면, 타성에 젖은 사람보다 더 신선한 영향력을 발휘할 수 있다. 이것이 이직에서 얻을 수 있는 장점이다.

그래서 나는 회사마다 내가 적용한 실적과 업적이 이직하는데 효율적으로 작용했다고 생각한다. 이게 내 강점이다. 40대 중반을 달리는 나이가 되어가고 있지만, 오늘도 난 새로운 경험을 하기 위한 준비를 하고 있다. 신입-대리-과장을 거치면서 난 여러 회사의 문화를 경험하였고, 그 문화로 타 회사에 긍정적 영향을 주었던 것 같다.

여기서 말하는 것은 바로 이직을 인생의 타이밍으로 적극 활용하라는 것이다. 연차가 쌓일수록 내가 타 회사로 이직했을 때 영향을 줄 수 있는 장점이 늘어간다. '어딜 가나 똑같겠지'라는 인식보다는 내가 어떤 기여를 할 수 있는지, 그 기여를 통해 내 인식의 변화와 어떤 이력이 생길지에 대해 확실해지기 때문이다.

다양한 회사의 문화 경험이 다른 회사에 이직했을 때 긍정적인 영향을 줄 수 있다. 이직은 인생의 대전환이다. 이직을 인생 전환의 타이밍으로 적극 활용한다면 우리 삶은 한층 더 업그레이드될 뿐 아니라 활력소로도 충분히 작용할 수 있을 것이다.

최적 타이밍은 내가 설계한다

이직은 '타이밍'이 중요하다고 했다. 사원에서 퇴직 시점까지 우리는 예측할 수 없는 자의적, 타의적인 영향으로 인해 회사를 옮겨야 하는 상황에 처해 있다. 물론 한 회사에 올인하는 경우를 제외하고 말이다. 나는 이직은 필수라고 생각해온 사람이고, 시점별 최적 설계를 통해 내가 시장에서 어떤 평가를 받을 수 있는지 확인해봐야 한다고 생각한다. 이직을 통해 내 가치를 발견할 수 있을 것이다. 지금 내 직급, 근무 연수를 한번 생각해보고 어떤 시점에 내가 이직을 해야 하는지 큰 그림을 그려보기를 바란다.

직장 생활
길지 않다

02

직장인으로서 얼마만큼의 시간이 내게 주어졌는지 알고 있는가? 직장을 평생 다니면서 안정적으로 회사 생활을 마감한다는 것은 아주 오래전 방식임을 알고 있다. 직장은 나의 미래를 절대 보장해주지 않는다. 회사는 나를 통해 성장을 하고 싶은 거고, 나의 쓰임이 다했다고 생각되면 과감히 버리는 카드를 사용할 수 있는 것이 바로 우리 직장이다. 회사가 내 울타리라고 생각되지만, 절대 그렇지 않다. 회사는 냉철하고 이익이 안 되면 과감해지는 이익집단이기 때문이다.

그래서 우리는 신입에서부터 퇴직 시점까지 회사에 기여함으로써 경력을 이어나가야 한다. 기여도에 따라 회사는 그 사람을 지속해서 사용할지, 그렇지 않을지에 대해 고민할 것이다. 항상 긴장하고 내가 살 길에 대해 끊임없이 노력을 해야 한다.

이렇게 회사에 기여를 하고 퇴직하게 됨으로써 우리는 충분히 내 역할을 했다고 생각될 것이다. 하지만 이 기간을 따지고 보면 너무나 짧아진 것이 현주소이다. 아이는 어리지만 퇴직 시점은 빨라진 현재 사회에서 어떻게 살아남아야 할까? 길지 않은 직장 생활을 영속성 있게 하기 위해 우리는 어떤 노력을 해야 할지에 대해 알아보자.

✏ 연차별 수명 그래프를 예측하라

내가 이제 직장인으로서 시작했거나, 해당 직급에 몸담고 있다면, 얼마만큼 내가 현 직장에서 일할 수 있고, 그다음은 어떻게 할 것인지 생각해 봐야 한다. 우리는 연차를 고려해서 내 직장수명 그래프를 설계해야 한다는 것이다.

내가 신입이라고 생각해보자. 신입에서 임원이 되는 과정은 취업문을 뚫기보다 어렵다. 100명의 입사 동기가 있다고 했을 때 그중 3% 미만이 임원이 되거나, 임원이 되었어도 1%만이 살아남는 것이 현실이다. 대부분은 중간관리자로서 길을 걷다가 퇴직하게 되고, 퇴직 시점에 인접 회사로 옮겨 수명을 연장하다가 직장 생활을 마감하게 되는 게 현실이다. 그리고 인접 회사로 가서 수명을 연장할 수 있지만 그렇지 못하고 나와야 하는 사람이 대부분이다.

이렇게 멀리 내다보고 과연 어디까지가 나의 목표이고 어느 시점부터 나는 퇴직해서 다른 일을 할지에 대해 계획해야 한다.

그저 회사만 다니다가 변하는 회사의 흐름에 속해 있다가는 언젠가 내 자리는 없어질지 모르는 것이다.

╱현실을 냉철하게 바라보라

직장인으로서 우리에게 얼마의 기간이 주어졌는지 알고 있는가? 직장인 수명선을 잊어버리고 현실에 안주하며 직장에 나가기를 반복하고 있다. 이를 알고 있지만 일상에 지쳐 퇴근해 돌아와 쉬고 자고 출근하기를 반복하고 있을 것이다. 이렇게 해서는 절대 직장인의 수명을 연장할 수 없다.

그러면 직장인의 수명선을 연장하기 위해 어떻게 해야 할까? 이 수명을 늘리고 줄이는 일은 나 자신, 즉 내 '독한 생존마인드'를 가져야 할 수 있다. 내가 어떻게 직장인으로 살아남고 수명을 연장하느냐는 내가 얼마만큼 '계획'했고, '실천'을 했느냐에 달렸다.

수명의 높은 언덕은 45세가 기점이다. 남자의 경우 20대 후반, 혹은 30대에 취업을 하게 된다. 그리고 직급별 시기를 거쳐 45세 시점이 되는 순간 부장급으로 전체 관리자가 되어 총괄하거나, 평관리자급으로 퇴직 시점까지 일반 경력자로서 연명하고 있을 것이다. 현재 사회적으로 40세가 넘어가는 시점부터 45세가 되면 우리는 진로를 다시 한번 재점검해야 하고 현 회사에서, 아니면 이직을 통해 수명을 연장하는 선택을 해야 한다. 나이의 숫자가 늘어남에 따라 회사는 많은 기대를 하지 않는 게 통상적이다. 똑똑한 관리자급 1명이면 전체를 통솔할 수 있지만, 관리자가 아닌 전문인으로서는 회사에서는 오래 두지 않을 것이다. 왜냐하면 더 똑똑한 대리, 과장급이 일을 하는 게 훨씬 경제적이고 생산적이기 때문이다. 그래서 45세를 기점으로 우리는 계획했던 직장인으로서 직장, 직업을 턴어라운드 해야 한다는 말이다.

생각해보라. 우리는 평균 18~20년을 공부하고 열심히 해서 약 15년 길게는 20년 직장에서 일을 하게 된다. 공부를 한 시간보다 일할 수 있는 기간이 더 짧아지고 있다는 것이다. 내가 20년 동안 어떻게 직장 생활에서 수명을 이어갈지 정말 깊이 있게 고민하고 설계를 해야 한다.

∠그래프 예측은 이렇게 하라

간략한 사례를 통해 우리는 직장 생활이 생각보다 길지 않다는 것을 알 수 있었다. 이 기간을 예측하고 어떻게 살아갈 방법을 찾을지 생각해봐야 한다.

이를 위해서는 연차별 목표를 세우고 실행하는 일이 필요하다.

먼저 사원에서부터 부장급까지는 내가 목표로 하는 경쟁력을 쌓으며 달성해내는 성장 그래프를 만들어야 한다. 몇 년 후 내가 원하는 직급, 연봉을 달성하겠다는 현실적 목표를 세워도 좋다. 그렇게 되겠다고 마음먹었고, 그 절반이라도 달성했다면 하지 않았던 것보다 성장해 있을 것이기 때문이다.

20년 기준으로 봤을 때 부장급까지 갈 수도 있고 그렇지 못할 수도 있다. 하지만 내가 목표로 하는 것이 진행되고 있는지는 지속적으로 체크해야 한다. 스트레스로 인해, 그리고 현실의 장벽으로 아무것도 생각하지 않고 좌절 혹은 머릿속 꼬인 사슬을 풀지 못해 아무것도 하지 못할 수도 있다. 절대 좌절하거나 위축돼서는 안 된다. 한정된 기간 내에 할 수 있는 무엇이든지 해야 한다. 명확한 목표 인식을 가지고 매진해야 한다는 뜻이다.

사원에서부터 내가 목표한 대로 흘러가고 있는지, 다른 가지로 뻗어 나가고 있는지 지속적으로 체크해야 한다. 다른 가지로 가고 있을 때는 그 가지를 더 기름지고 두텁게 만들어야 한다. 대리급에서 중요한 건 현업을 반드시 내 것으로 만들어야 한다는 사실이다. 내가 아니면 현업이 진행 안 될 정도의 영향력을 만들어야 한다. 과·차장이 돼서는 이 분야의 전문가로서 경쟁력을 확고히 해야 한다. 그리고 팀장으로서 리더십을 키워야 한다. 아울러 부장이 되어서는 전문지식을 현업에 풀어내어 조직간 업무가 유기적으로 돌아갈 수 있는 윤활유가 되어야 한다.

"신입에서 주임까지 나는 몇 년이 소요되고, 연봉은 ○○○○이 목표다."라는 목표를 반드시 세우고 주기적으로 자기 암시를 해야 한다. 주임에서 대리까지도 마찬가지다. 하지만 대리에서 과장은 현 회사에서 내 목표가 미치지 않는다면 과감히 나를 이직 시장에 내놓아야 하고, 새로운 목표를 세워야 한다. 회사 내

고인물이라는 소리보다 능력이 출중하여 타 회사에 가서 멋지게 활동하고 있는 모습이 후배들에게는 본보기가 될 것이기 때문이다. 나를 매력적이게 보이게 해서 내 가치를 높여야 한다.

✐ 스스로 경쟁력을 높여라

내 경쟁력이 무엇인가? 내게 어떤 장점이 있는지 술술 풀어낼 수 있어야 한다. 그래야만 나는 현 업무에서 전문가라는 인식을 회사에 줄 수 있기 때문이다. 직장인으로서 성공을 지속하기로 정했다면 조금이라도 오래 다닐 수 있는 내 자산을 만들어야 한다. 내 자산, 즉 경쟁력이 무엇인지 생각해보기를 바란다. 대졸 기준으로 여자는 20대부터, 남자는 20대 후반에서 30대부터 직장 생활을 시작하게 된다. 지금 신입사원이라면 정말 많이 배우고 경험치를 늘려야 한다. 그리고 멘토를 반드시 정해서 그분을 닮아가기 위한 노력을 해라. 모든 부분을 배우려 하지 말고 좋은 점만을 내게 적용해야 한다. 그래야 내가 목표로 하는 것을 50% 이상 쟁취할 수 있기 때문이다. 30대 이후 주임, 대리급 분들이라면 신입 때 고생한 지식을 내 노하우로 만드는 작업을 해야 한다. 그리고 지식에 살을 붙여 내 사회생활을 하는 칼과 방패가 되어야 한다.

우리나라 사회는 대리급 인재를 선호하는 경향이 있다. 젊고 패기 있는 인재를 선호하는 인식이 팽배하고 있다. 인풋 대비 아웃풋이 2배로 나오는 직급이 주임, 대리급이기 때문이다. 그리고 과장급에서는 중간관리자로서 무게감을 갖춰야 한다. 그동안 쌓은 노하우로 현 업무에서 앞서 나가야 한다. 그리고 주임, 대리급에게 경험치를 여과없이 전달해야 하고 모범을 보여야 한다. 그래야만 직급체계가 잡히고 경험과 지식을 나눠 줄 수 있기 때문이다.

차장급에서부터는 실무에서 손을 떼고 관리자급의 업무를 수행해야 한다. 전체를 보는 시각으로써 회사에 기여해야 한다. 실무에서는 정통해야 함은 기본이다. 하지만 사람을 보는 눈을 가져야 한다. 팀원이 일을 잘 수행할 수 있도록 지원해야 한다는 것이다. 그리고 팀이 잘 될 수 있는 방법을 제시하고 동기부여를 해야 한다. 그 결과는 팀의 성적으로 내게 돌아오게 되어 있다. 그리고 부장급 이상부터는 전체를 컨트롤하고 회사의 방향, 목표를 명확히 전달해야 한다. 아울러 팀, 부서가 흔들리지 않게 잡아주고 한목소리로 단결될 수 있는 시스템을 만들어야 한다.

지금까지 직급별로 어떤 경쟁력을 갖추고 준비해야 하는지에 대해 이야기했다. 요즘 회사 분위기는 수평조직이 되기를 희망한다. 직급체계를 없애고 있다. 직급은 없어져도 그 사람의 연차를 생각한다면 충분히 이해되리라 생각한다. 길지 않은 직장 생활이라 했다. 나이 때별로 내 그림의 퍼즐을 맞춰가야 한다. 퍼즐이 맞을 수도 있고 그렇지 못할 수도 있다. 하지만 기본적으로 해야 할 일을 하지 않았을 때, 내 직급에 맞는 일을 직급이 높아져서도 해야 할 수 있다. 그렇다면 그때 과연 나는 어떻게 대응

해야 하는지 또한 고민을 해야 할 것이다.

⤴예측을 실행하라

직장인으로 산다는 건 내 모든 것을 철저히 관리해야 함을 의미한다. 매일 일상에 지치고 힘들고 조금만 더 자고 싶고 누워 있고 싶은 것이 직장인이다. 모두가 그렇지 않겠지만 대부분 동의할 것이라 생각한다. 하지만 학생 때는 어떠했는가? 새벽까지 공부하고 또 새벽에 학교에 가서 공부를 한 기억이 있지 않은가? 직장은 이보다 10배로 노력해야 살아남을 수 있는 곳임을 잊지 말고 남은 직장 생활에서 내가 어떻게 살아남을지 연도별 그래프를 그려보라.

예측을 해본다는 것은 내 머릿속에 영화처럼 나의 미래를 그려보는 일이다. 하지만 현실의 업무와 스트레스로 그 스크린을 떠올려 보지 못하는 사람이 많을 것이다. 영화는 짜인 각본에 의해 제작된다. 모두 계획된 것이다. 이 계획은 영화를 촬영하면서 점차적으로 더 좋은 방향으로 수정되기도 하고, 삭제되기도 한다. 우리네 직장 생활, 삶도 마찬가지다. 영화처럼 되지는 못하겠지만 각본처럼 뼈대를 잡고 앞으로 향해 간다면 내 직장 생활은 탄탄대로를 걸을지도 모른다. 직장 생활 역사의 한 페이지를 한번 그려보기를 바란다.

이를 위한 방법은 의외로 간단하다. 이미 퇴직했다고 생각하고 내 역사를 스크린해보는 것이다. 현재 나는 퇴직을 했다고 생각을 하고 '부장? 이사?' 어느 단계에서 퇴직을 했는지는 내가 결정하면 된다. 내 역사를 미리 그려본다고 생각하고 직장 생활을 어떻게 했는지 글로써, 머리로써 스크린 해보자.

03 직장에서 자신의 위치를 정확히 파악하라

⌒나는 현 직장에서 누구인가

대부분의 직장인들은 현 직장에서 '나는 정말 열심히 일하고 있다', '나는 충분히 잘하고 있다' 이렇게 생각하며 직장 생활을 하고 있다. 스스로를 다독이며 말이다. 그래서 하루하루가 지나가고, 또다시 1년의 시작이 돌아오게 된다. 이렇게 수년 동안 해온 업무는 차곡차곡 내 머릿속에 쌓이지만, 순간 물음표가 생기게 된다.

'무엇을 위해 일하지?', '왜 일해야 하지?'

연봉이 많이 오른 것도 아니고 매년 동결 수준에다가 직급이 올라간 것도 아니다. 월 살이를 하며 대체 무엇을 위해 일하는지 잊어버릴 때가 있다. 이 시기는 대략 대리가 되어 눈썹을 휘날리며 일을 하고 있을 때 즈음 찾아온다.

이때 나의 정체성에 대해 물음표가 생긴다. 과연 지금 회사가 앞으로도 안정적으로 나를 지켜줄 것이지, 아니면 내가 스스로 나를 지켜야 할지 돌아봐야 한다. 나는 과연 이 회사에서 어떤 존재고 어떤 위치인가를 생각해봐야 한다.

⟋연차별로 커리어 지도를 그려라

직장 생활이 길다고 생각해서 '언제 끝나지?'라고 생각하겠지만, 연차별 시기를 순식간에 지나가게 마련이다. 그래서 앞에서 강조했듯 철저한 연차별 목표를 세워 커리어를 관리하는 것이 좋다. 막연히 일하면 연봉이 올라가고 승진하겠지 하는 안일함을 가지고 있으면 안 된다. 경력, 경제적 수입 등을 고려하여 직급별 커리어 목표를 세우자. 계획을 세워서 추진하는 사람이 그렇지 못한 사람보다는 좀 더 계획적인 커리어 지도를 그리며 생활을 하게 될 것이다. 내게 이득이 되는 커리어를 세우려면 어떻게 해야 할지 알아보자

⟋신입사원이라면 초기부터 커리어 목표를 세워라

신입사원부터 단기, 장기 목표에 대해 큰 그림을 그려야 한다. 막연하게 들릴 수 있지만, 직장인으로 시작했다면 시작부터 싹을 잘 틔우고 가지를 뻗어 나가야 할 목표를 세워야 한다. 직장인은 신입부터 어떻게 방향을 잡았는지에 따라 앞으로 좀 더 나은 직장을 만들어갈 수 있다.

하지만 대부분 신입부터 목표를 세우며 하기엔 일을 배우는 단계라 긴장되기만 하고 이를 미리 생각하기 힘들 수 있다. 여기서 중요한 건 내 회사 그리고 대학교 선배들이 사회에서 어떻게 살아가는지 벤치마킹하는 일이다. 그리고 내 경험치, 승진, 연봉 목표를 세우고 현 직장에서 적합한 목표를 세워야 한다. 현 직장의 기준에 따라 내 승진, 연봉 등이 정해져 있다.

예를 들어, 3년 후 승진 시점이라고 봤을 때 승진 후 내 위치를 예측해야 한다. 승진 시 올라가는 직급, 연봉이 만족할 만한 수준인지 봐야 한다. 만약 3~5년이 흘러도 상황이 내게 유리하지 않다고 판단될 시 이직을 고려해야 한다. 평생직장은 없다. 그렇기 때문에 현 직장에서 나를 지켜주기를 바라지 말고 내가 더 넓은 사회로 발을 넓혀야 한다는 뜻이다.

3년 차가 되면 어느 정도 그 회사에서 실무로는 치고 나갈 수 있는 여건이 된다. 이때 타 회사에서는 이런 사람들을 고용해서 시너지 효과를 내기를 바랄 것이다. 신입은 3년 후 미래를 구체적으로 세우고, 그 이후 내 직장에 대해 미리 준비를 해야 한다. 아무도 나를 위해, 이렇게 이야기해주는 사람은 없을 것이다.

⌒대리가 되면 내 가치를 긍정적 포지션으로 만들어라

대리급이 되면 실무선에서는 최고의 기동력을 발휘하는 직급이다. 그리고 이직 시장에서 가장 선호하는 연차다. 그래서 자신감 있고 과감하게 일을 추진해도 누구도 뭐라고 할 사람이 없다.

하지만 명확한 일 처리와 지식, 경험을 인정받게끔 관리해야 한다. 이때는 나를 드러내 보일 필요가 있다. 내가 어떤 업무로 어떤 성과를 내고 있는지 잘 포장해야 한다. 그리고 내 주변, 윗분들에게 내 존재감을 알려야 한다. 그래야 회사에서도 내 위치가 어느 정도인지 가늠을 할 수 있게 된다. 이렇게 된 후 대리급에서는 베팅을 해야 한다.

내 성과로 인해 가치 있는 점을 회사가 알아준다면 감사하겠지만, 대부분 회사는 회사의 정해진 틀 안에서 내 가치를 소급 인정해준다. 정말 열심히 일을 했지만 그만큼 인정을 해주지 못했을 때, 그때 마음속에서 사표를 만지작거리게 되고 회사를 옮겨야 될지에 대한 고민을 하게 된다. 이게 회사의 5년 차 이상 대리의 모습이지 않을까 싶다.

그럴 때는 과감한 선택을 하라. 나를 시장에 내놓는 것이다. 내가 이직 시장에서 가치가 있는지 평가를 받고, 적합한 곳이 있다면 이직을 해도 좋다는 뜻이다. 대리급에서 성장 가치는 연차별로 개발하기 나름이기 때문에 이직 시장에서 반응이 가장 좋은 시기다. 그래서 업무 역량, 자기계발, 스트레스 관리 등 모든 분야에서 게을리하지 말고 도전해야 한다.

⌒과장이라면 충분히 고민하고 커리어를 선택하라

과장급이 되면 한 회사의 중간관리자가 된다. 하지만 요즘 현실에서 과장은 대리급 업무와 겹치거나 실무를 담당하는 것이 대부분이다. 승진 나이가 빨라지고 대리급 이동이 잦음에 따라 과장의 위치가 격하되어 있다. 그만큼 대리급 업무에 익숙해져야 하기 때문이다. 그래서 요즈음 과장은 대리의 연장선이라고 해도 과언이 아니다.

하지만 과장은 회사 내의 위치가 다르다는 점을 반드시 명심해야 한다. 지식과 경험치가 대리급과 다르다. 그래서 현 업무보다는 전체를 보는 시야를 키우고, 현업에서는 아랫사람들에게 지식을 공유해야 한다. 이건 스스로 회사 내에 내 위치를 만들어가야 한다는 의미다. 내 위치, 내 자리는 회사가 만들어주지 않는다는 점을 항상 생각해야 한다.

그리고 중요한 건 회사 내 과장으로 만년 이렇게 할 수는 없다는 점이다. 적정 시점에 회사에서는 과장에게 중요 업무를 맡겨야 한다. 회사는 명확하게 과장급에게 맞는 일을 부여해야 한다. 하지만 중요 업무를 부여하지 않고, 지속적 대리급과 동일한 업무를 부여한다면 과장급에서는 심각히 고민해야 한다. 바로 내가 기여할 수 있는 타 회사로 이직을 해야 한다. 과장급에서 5년이상 있었다면 바로 이 시점이 이직 첫 신호탄인 것이다.

중간관리자로서 일을 할 수 있는 곳으로 선택과 집중을 해야 한다. 과장급 정도면 현업의 인맥은 이미 구축되어 있을 것이다. 그들을 통해 간접적 평가를 받아보고, 내게 적합한 회사를 추천받아야 한다. 그리고 취업사이트에도 주기적으로 들어가서 구직동향을 봐야 한다. 중요한 시점이 되는 직급이다. 생각과 말에 신중하며 무게감을 두고, 내가 원하고 회사가 원하는 곳으로 반드시 이직을 해야 하는 시기다.

✐차장, 부장급이라면 자신의 성공 사례를 타사에 이식하라

차장이나 부장이 되면 말 그대로 한 부서의 장급이다. 이들은 과장급을 뛰어넘은 분들이라 현재까지 직급에 오르기까지 치열한 경쟁을 한다. 부서장급의 분들로 조직관리의 전반적인 책임을 지게 된다. 실무를 떠나 이제는 진정한 관리자급이 되는 것이다. 관리자로서 역량과 경험이 조직관리에서 능력을 발휘해야 한다.

대리, 과장급일 때 스스로에게 충실하고, 회사에 충실하며 역량을 발휘했다면 차·부장급으로 가는 길은 순탄했을 것이다. 하지만 회사마다 평가하는 기준, 그리고 내부적 평가로 인해 차·부장급은 정말 쉽게 되지 않는 것이 현실이다. 회사에 기여를 해야 하는 총괄자로서 이익을 반드시 줘야 하기 때문이다. 회사에 이익이 안 된다고 생각되면 회사는 바로 사람을 교체해서라도 이익을 취하길 원할 것이다. 그래서 더더욱 긴장하고 이익을 위해 매진해야 한다.

과장급까지는 탄탄대로를 간다고 쳐도 차장급부터는 진정한 리더십으로 조직을 관리해야 한다. 차·부장급에서는 어떤 기회를 내 커리어로 만들어가야 할까? 바로 회사에 '한 방'이 있어야 한다. 한 방의 임팩트로 내 가치를 보여줘야 한다. 그래야만 회사는 믿고 맡길 수 있는 포지션을 제공한다. 그 한 방이 없다면 회사는 1~2년 내 새로운 인력으로 대체되어버리고 말 것이다.

회사는 기다려주지 않는다. 특히 부서장급에서는 말이다. 내 능력이 출중하다고 해도 회사는 그 능력을 다 발휘하게 해주지는 못한다. 그래서 장급에서는 한 방의 액션을 취하고 타 회사에서 그 액션들을 발휘해 성장을 시키는 역할을 해야 한다는 것이다. 한 회사에 있으면서 그다음, 그다음을 생각한다면 정체성에서 벗어나지 못하고 머물러 있을 경우가 많다. 그러니 장급에서는 1년 내 성과를 보여주고, 2년 차에 안정을, 3년 차에 새로운 회사로 이직을 해서 가치를 상승시키는 것이 효율적일 것이다.

⌒커리어 목표를 반드시 세워라

지금까지 신입사원부터 부장급까지, 이직하는 데 성공하기 위한 경력 관리와 노하우를 간략히 소개했다. 앞에 소개한 이것만 지키고 명심한다면, 최소한 이직을 하는 데 크게 어려움은 없을 것이라 생각한다.

그런데 앞에 소개한 내용이 있는 그대로 내 직장, 부서에 적용이 안 될 수 있다. 하지만 적용할 수 있는 부분이 있다면 반드시 적용을 해주기를 바란다. 직장 내 내 위치와 가치에 따라 직급별 이직 시점은 다를 수 있다. 이를 신입 때부터 관리해서 내 커리어를 만들어가야 한다는 것이 핵심이다.

2000년 이후 직장 생활은 정말 길지 않다. 오늘 하루하루, 1

년이 길어 보일 수 있어도 직장 생활은 정말 짧다는 것이 내 결론이다. 그 사이 내 위치와 가치를 어떻게 만들어가야 할지 심각하게 고민하고 스스로 멘토링을 해봐야 한다.

04 체력은 모든 것보다 앞선 준비

⌒ 건강함으로 정신 무장하라

이직을 위해 달려가는 우리. 여기서 중요한 건 무엇일까? 그 것은 바로 나 자신의 체력, 내 건강함을 유지하는 것이다. 체력 이 떨어지지 않게 나를 통제해야 한다. 대개 이직 준비자들은 이 직 부담감으로 인한 스트레스와 주변 환경에서 오는 압박으로 내 머릿속을 대부분 채우고 있어 체력을 돌볼 틈이 없다고들 한 다. 하지만 체력이 뒷받침되어야 정신력도 마음도 건강해지고 앞으로 일들에 대해 강하게 대처할 수 있게 된다.

내가 말하는 것은 체력 유지를 위한 가장 기본적인 사항이다. 하지만 이 기본을 행동으로 옮겨야 하는데 우리는 놓치고 있다. 이 점을 인지하고 이직 시 내가 어떻게 체력을 유지해야 하는지 살펴보자.

⌒건강함으로 스트레스를 극복하라

서두에 이야기한 대로 건강이 내 모든 것을 좌우한다. 이직을 결심하면 여러 가지 스트레스로 인해 체력을 돌볼 틈이 없어진다. 나 또한 그랬다. 과도한 스트레스로 인해 체력이 고갈되고 위경련 등 심한 체력적 한계를 경험하였다.

난 2015년부터 이직을 시작했다. 그동안 내가 어떻게 관리했는지에 대해 점수를 준다면 50점을 주고 싶다. 그 이유인즉 건강을 후순위로 생각했었던 것이다. 퇴근 후 책상에서 잡 서치와 이력서 작성 반복이 1순위였다. 그러면서 내 건강을 돌보지 못했고, 스트레스만 쌓여 갔다. 그 스트레스를 해소하지 못하고 이직을 위한 스텝만 반복하고 있었다. 체력이 앞으로 더 나를 강하게 만들어준다는 점을 젊은 패기에 놓치고 있었던 것은 아닌가 생각된다.

그래서 한가지 돌파를 하고자 했던 기억이 있다. 이직을 준비하는 가운데 내 자신에 대한 체력적 한계, 내가 어디까지 할 수 있는지 나를 테스트했다. 이 테스트를 통해 난 한 단계 업그레이드되었고 지금도 그 경험을 자신 있게 말할 수 있다.

첫 번째로 난 집에서 약 20킬로미터 거리인 한강까지 마라톤을 했다. 왕복 40킬로미터를 과연 내가 뛸 수 있는지 없는지, 체력적으로 가능한지 검증했다.

두 번째로 지역 내에 있는 산에 등산을 했다. 아주 낮은 산이었지만 중간에 포기하지 않는 내 모습을 발견하기 위해 도전했다. 힘들지 않은 코스지만 그 코스를 완주했다는 것만으로도 내 자신감은 100배 상승했다. 누구나 하지만, 누구나 하는 것을 나도 해냈다는 것이 내게는 자신감으로 다가왔다. 해보지 않았다면 절대 알 수 없는 경험이었기 때문이었다.

이렇게 나를 단단하게 만드는 운동을 통해, 도전을 반복했다. 정신을 단단하게 만드는 것 중 최고의 약은 바로 내 체력이고, 그 체력이 자신감으로 똘똘 뭉치게 될 것이고, 나를 더 멋진 인재로 거듭나게 할 수 있다는 것을 잊지 말아야 한다.

⏎건강함을 지키는 쉬운 방법

이직에 성공하려면 내 체력이 뒷받침되어야 한다고 했다. 이 말은 이직을 준비하고 있다면 자신의 체력이 어느 정도 되는지 먼저 평가해야 한다는 의미다. 즉 내가 어느 정도까지 견딜 수 있는지 스스로의 한계를 알아야 한다. 탄탄한 체력을 위해서는 반복적이고 습관적인 건강 및 체력 관리가 필요하고, 지구력이 어느 정도 되는지도 파악해야 한다.

만일 책상에 앉아 집중해서 처리할 일이 있다고 생각해보자. 이때 근력이 탄탄하여 건강한 사람과 조금만 앉아 있어도 쉽게 지치는 사람을 볼 수 있다. 그 차이가 얼마나 되냐 하겠지만, 비록 30분 차이가 나더라도 30분을 더 공부한 사람과 그렇지 못한 사람은 나중에 학습량에서 수십 시간 차이가 날 수밖에 없다. 이직하는 일도 마찬가지다. 단기간이 될 수 있지만, 일단 장기간 철저한 목표를 세워 끈기 있게 달려가야 한다. 내가 나를 잘 알아야 한다. 내가 내 체력적 한계를 더 잘 알아야 한다. 그래서 아래 실천목표로써 나를 평가해야 한다. 꾸준한 실천력으로 나를 업그레이드 시킬 수 있는 방법을 알아보자.

1. 퇴근 후 버스, 지하철 등 한 개 정거장 정도는 걸어라.
2. 새벽 시간 30분 일찍 일어나 스트레칭, 홈트를 실행하라.
3. 명상을 통해 내 마음을 평온하게 하라.
4. 매일 20분 근력 운동을 실행하라.
5. 낮은 산부터 정상에 올라서라.
6. 조깅을 통해 주 단위 거리를 늘려라
7. 한 주 3번 이상 땀을 흘릴 정도로 운동하라
8. 운동을 기록하고 달성 목표를 세워라
9. 조깅을 한다면 점차 속도를 높여 도전하라. 그리고 기록을 단축하라.
10. 한 주 3번 숨 가쁘게 운동하라. 그냥 걷는 것은 아무 의미 없다

가장 기본적이고 쉬운 방법이지만, 우리는 귀찮아하고 쉽게 내일로 넘겨 버린다. 아주 사소한 일이라도 하나씩 실천을 한다

는 모습을 내 주변인에게 보여주어라. 그리고 점차 성장하는 모습을 통해 주변인들을 놀라게 하라. 이력서를 쓸 때도 면접을 볼 때도 내 당당함이 내 얼굴에서 빛이 나게끔 말이다.

⚲ 이직은 마라톤이다

이직은 마라톤과 같다. 마라토너들을 보면 결코 천천히 뛰지 않는다. 목표를 향해 우리가 100미터 달리기하듯이 달린다. 이 목표를 달성하기 위해 얼마나 체력적으로 실패와 성공을 했는지 알 수 있다. 마라토너가 되라는 말이 아니다. 끈기, 지구력을 키워야 한다는 것이다. 이는 내 체력이 뒷받침되어야 가능하다는 것이다. 과연 나는 얼마큼의 지구력이 있는지 알아야 한다.

앞에 소개한 운동 방법은 내가 행했던 방법을 그대로 적어놓은 것이고 실행을 했었던 방법이다. 점차 속도와 강도를 높이고 땀을 흘림으로써 내 목표에 대한 자신감은 확고해졌다. 한 직장에 머무르기보다 이직을 통해 내 가치를 높여야 한다고 생각했던 것이다. 이직은 나를 위한 성장의 도구이고 성장을 위한 통로다. 이 성장을 위해 내 강인함을 유지하고 목표를 위해 달려야 한다. 잊지 마라. 체력이 무너지면 아무것도 할 수 없다는 것을….

이직 시 가장 필요한 건? 05

⤷ 이직에도 중심이 되는 열쇠가 있다

이직 시 가장 중요한 것은 바로 '사람'이라고 말하고 싶다. 내 주변에 사람이 얼마나 있는지 파악부터 해야 한다. 나와 관계된 사람들로부터 인정을 받고, 나와 같이 일하면 이상 없이 잘 흘러갈 수 있다는 것을 보여줘야 한다.

그리고 두 번째, 내가 가진 경험을 '지식'으로 풀어 낼 줄 알아야 한다. 이와 더불어 주변인들에게 이 지식을 아낌없이 나눠야 한다. 경험을 업무로서 시원스럽게 풀어내는 사람을 절대 존경하지 않을 수 없다. 현재 지식을 내 것이라고만 생각하고 풀어내지 못한다면 그 사람곁에는 절대 사람이 모이지 않고, 성장할 수 없다.

이번 글에서는 이 두 가지를 풀어 보려고 한다. '사람' 그리고

'경험의 나눔'을 통해 이직 시 중요한 포인트를 잡아보고자 한다.

✐내 주위 사람의 마음을 움직여라

15년 이상 직장 생활을 하면서 가장 중요하다고 생각하는 것은 바로 '사람'이었다. 내가 직장 생활을 시작하면서부터 나는 사람의 마음을 얻고 사람을 통해 여기까지 왔다고 생각한다.

첫 직장에서 나는 의로운 한 분을 만나면서 내 재도약의 계기를 마련하게 된다. 그분 덕분에 밑바닥에서 다시 시작할 기회가 주어졌고, 이를 통해 내 능력을 끌어올리는 계기가 되었다.

당시 내가 기회를 얻을 수 있었던 것은, 신입의 성실함 덕분이었다. 첫 회사를 퇴사하고 학업을 위해 잠시 쉬었던 적이 있다. 그러던 중 내가 모시던 부장님의 전화를 한 통 받게 되었다. "어서 와서 같이 일하자. 언제 올 수 있는지 생각해보고 연락해라"라는 전화였다. 뜻밖의 전화였고 반가움과 감사의 마음이 교차하게 되었다. 그리고 생각했다. 신입으로 만났던 분이 이렇게 나를 인정을 해주신 점. 그리고 같이 일을 하자고 할 만큼 나를 생각해두고 있었다는 점이 너무 감사했던 것이다.

그때 이후부터 그분 밑에서 정말 다양한 업무를 수행했다. 3번의 팀을 번갈아 가며 내가 할 수 있는 업무의 200%를 해냈다. 남이 하지 않으려는 일을 난 도전하고 나만의 성과를 만들었다. 그 후 1년, 2년 지나면서 승진을 하게 되었고, 수백 명이 보는 가운데 자랑스럽게 승진하는 모습도 경험할 수 있었다. 그때 승진은 직장 생활을 하면서 가장 기억에 남는 순간 중 하나였다. 내 자랑을 늘어놓은 것처럼 보이지만, 내가 밑바닥에서 시작했고 다시 일어서서 승진까지 해냈다는 성취감, 그리고 그 능력을 인정받았다는 것을 표현하고 싶었다.

'나'라는 브랜드가 지금 현 회사에서 어떤 평가를 받고 있는지 점검해야 한다. 회사에서 1년에 한 번 평가를 내리는 것은 정성, 정량 평가를 모두 합쳐서 내는 거지만, 이직 시 정량보다는 정성적 수치의 비중이 좀 더 크게 작용한다. 그래서 현업에서 내가 업무에 기여하는 정도, 주변인들에 대한 나의 평가 등을 틈틈이 대화와 소통을 통해 파악해야 한다. 과연 내가 어떤 평가를 받고 있는지에 따라 내 이직 시 평가는 달라질 수 있다.

↗ 내 존재감을 알려라

윗사람에게 자신의 존재감을 알리고 힘들고 궂은일이라도 해내는 모습을 보인다면 언젠가는 빛을 볼 수 있는 날이 온다. 나를 평가하는 사람에게 내가 하는 일에 대해 자신감을 표현하고 할 수 있다는 믿음을 줘야 한다. 움츠러들지 말고 맡겨진 업무에 대해 돌파한다면 그 어떤 경영자라도 싫어할 사람은 없기 때문이다. 이를 요약하면 직장 내 상사에 대한 믿음, 그리고 내 업무에 대한 자신감으로 압축할 수 있다. 현재 내 직장상사의 코드가 무엇인지, 어떤 성과를 내라고 하는지 우선적으로 파악해라. 그리고 그 사람으로부터 인정을 받고, 사람을 통해 내가 성장해야 한다. 이 경험을 반드시 한 후 이직이라는 시장에 나를 던져야 한다.

나는 브랜드가 없어지는 상황에서, 예기치 않은 분의 추천을 받아 이직을 한 경험이 있다. 당시 나는 다니던 회사가 없어지는 상황에서 생계를 위해 필사적으로 이직 시장을 두드리고 있었다. 그러던 중 한 통의 카톡이 울렸다. 바로 내가 수년 전 문을 두드렸던 회사의 면접관이었던 부장님이셨다. 당시 난 그 회사에 입사하지 못해서 기억 속에 잊어버리고 있었다. 그분은 나를 팀원으로 채용하지 못했지만 내 연락처를 기록해 두셨고, 수년 후 내가 필요했을 때 나를 적극 추천한 것이다. 그래서 난 한 달 만에 그분이 추천한 회사로 입사를 하게 되었다. 어렵게 이력서를 내고 문을 두드리고 있었던 내게 일어난 놀라운 성과였다.

생각해보면 그분은 나를 언젠가 사용하겠다는 마음이 있었던 것일까 생각되지만 수많은 면접자들 중 나를 선택했다는 것은 그분의 의도와 회사, 그리고 내가 연결될 것이라는 일치감이 작용한 것이 아닌가 생각한다. 그리고 어쩌면, 면접 때 내가 나의 존재감을 그분에게 톡톡히 전달한 덕이 아닌가, 혼자 생각해 본다.

이처럼 이직은 내가 갈고 닦은 기본기와 사람과의 관계, 그리고 뜻밖의 예기치 않은 상황에 의해 성사될 수 있다. 이직의 경로는 이처럼 다양한 연결고리를 가지고 있다. 언제 어떤 상황에서도 내 존재감을 잘 드러내고 나의 브랜드를 소중히 관리하기를 바란다. 말, 행동, 업무 처리 시 예의 등 모든 언행에 '나'라는 브랜드의 가치가 묻어 있기 때문이다.

♂경험을 설파함으로 인지도를 쌓아라

내가 현 직장에서 어떤 지식을 가지고 있는지 말을 하지 않으면 아무도 모를 것이다. 가령 간단한 엑셀 수식을 하는 방법을 조금이라도 잘 알고 있다면 그 지식을 선후배들에게 전수해야 한다. 복잡하고 쉬운 업무라도 그 문제를 해결하는 방법을 알고 있다면 주저하지 말고 풀어내고, 그 과정과 해답을 지식으로써 동료들에게 나눠 주어라. 성과를 혼자 독차지하지 않고, 경험을 나눈다면, 나의 커리어와 평판은 자연스럽게 좋은 방향으로 형성될 것이다.

♂이직 후 이전 직장의 성과를 발휘하라

내가 몸담았던 회사 중 "프로젝트로 일하라"라는 전략을 내세운 회사가 있었다. 프로젝트는 개인, 팀 단위 프로젝트였고, 국내외를 뛰어다니며 프로젝트를 실행하기 위한 노력을 했다. 두 달에 한 번 해외로 가서 공장과 협상을 하고 샘플을 만들어내는 일에 열중했다. 시간이 지나면서 하나하나 완성되어가는 과정을 보며 '내가 해내고 있구나, 결국엔 해냈구나'라는 자신감을 얻을 수 있었다. 수백 벌의 샘플과 옷들은 내가 이룩한 생애 최고의 성과였다.

내가 해놓은 지식을 후배들이 이어받아 사용할 수도 있고, 업그레이드시켜 또 다른 지식을 만들어낼 수 있을 것이다. 지식이 넘쳐나고 매일매일 생겨나는 시대지만 과거 선배들의 지식, 그리고 앞으로 만들어진 지식들을 더한다면 회사에 기여할 수 있는 부분은 커질 것이다. 과거의 지식을 답습하고 내 것으로 만들며, 여기에 내 경험치를 더해서 현업에 매진해야 한다. 그리고 지식을 나누어라. 그들 사이에서 능력 있는 선배, 후배로서 인정을 받아라. 그러면 이직은 말하지 않아도 찾아온다.

╱나만의 길을 통해 이직을 성공시켜라

내가 여기서 말하는 사람은 회사의 경영자, 내가 속한 부서장, 내 동료 즉 선후배들이다. 이들을 통해 내가 인정받아야만 내가 이직하는 데 탄탄대로를 걸을 수 있다. 이직을 수차례 해본 경험으로 후배들에게 하고 싶은 말은 단 하나다. 첫 직장, 혹은 이직한 직장에서 반드시 사람의 마음을 얻는 법을 배우고, 현 업무에 정통하여 주변인들에게 인정을 받을 만한 성과를 반드시 만들어라. 그래야만 내가 당당해질 수 있고, 이직 시 두려움을 최소화할 수 있다. 그리고 선, 후배가 이룩해 놓은 성과와 지식을 배우고 나눠야 한다. 직장은 혼자만 앞으로 나간다고 해서 절대 알아주지 않는다. 팀워크로 내 지식을 나눴을 때 비로소 내가 더 빛을 발할 수 있기 때문이다.

〈'나' 브랜드를 파악 하기 위한 실행력 체크리스트〉

1. 회사 내 나와 소통하는 사람이 몇 명인가?

2. 내가 생각하는 나의 업무처리 점수

3. 나를 믿고 인정해주는 사람이 있는가?

4. 내가 회사를 그만둔다고 하면 붙잡을 정도로 인지 도가 있는가?

5. 나는 회사에서 올바른 언행을 하고 있는가?

6. 나는 회사에서 인정을 받고 있는가?

7. 내 성과를 당당히 표현할 수 있는가?

8. 나와 말이 잘 통하는 동료가 있는가?

9. 내가 믿고 따르는 선배가 있는가?

10. 이직 시 함께 하고 싶은 후배가 있는가?

간단한 질문지를 통해 현재 다니고 있는 회사의 정성, 정량적 답변을 스스로 해보고, 현재 내 위치와 회사 생활을 어떻게 하고 있는지 생각해보자. 누구나 회사를 그만두고 싶어 하고 월급쟁 이로서 살아가기 힘들다고 하소연한다. 그럴 때 가장 필요한 건 내 가치를 높이고 이직을 통해 나를 성장하는 계기를 만드는 일 이다. 한 직장에서 눌러앉기보다는 또 다른 세상, 환경에서 도전 하라는 것이다. 인생 짧다고들 한다. 직장 생활은 더더욱 짧다는 것을 명심하라. 그러면 짧은 시간을 어떻게 돌파하는지는 오로지 내 몫이고 내가 풀어나가야 하는 숙제다. 주저하지 말고 이직을 향해 도전하라.

내가 강해야 살아남는다
(자신의 강점을 표출)

06

⤴두려움을 떨치고 강한 전사가 되어라

평소 우리는 자신이 가진 강한 면모를 잘 표현하지 못하고 산다. 그러나 이직을 할 때는 무엇보다 자신의 장점을 강력하게 상대방에게 보여줘야 한다. 그저 묻는 말에 대답하고 동조하는 일은 바로 탈락이라고 생각해야 한다. 자신이 할 수 있는 강점을 명확하게 표현할 줄 알아야 한다.

이때의 강점이란 스스로가 말하고 행동함으로써 보이는, 순수한 자기 자신의 모습 자체를 말한다. 자신이 지금껏 배우고 익히며 쌓아온 경험이 모여 나오는 자기 안의 강함이 바로 나 자신을 정직하게 드러내는 일이기 때문이다.

두려움을 떨치기 위해서는 먼저, 이런 자기 자신을 스스로가 어떻게 단련하고 수행해왔는지를 있는 그대로 되돌아볼 필요가 있다. 나란 사람의 강점은 무엇인지, 나는 어떻게 제3자의 눈으로 스스로를 향해 객관적으로 준비하고 있는지를. 그렇게 정직하고 객관적인 시선으로 자기 자신을 바라볼 때가, 세상에 맞설 준비가 되었을 때다.

⌒자신의 강점을 발견하라

스스로에게 물어보라. 나를 얼마만큼 냉철하게 스스로 평가하고 있는지. 내가 나를 얼마만큼 알고 있는지. 이를 발견한다면 내 그릇의 크기를 짐작할 수 있을 것이다. 그 그릇의 크기만큼 내 사회생활, 즉 이직을 향한 큰 포부를 달성할 수 있을 것이다.

강함은 강함으로 이겨야 하고. 절대 약해지지 않아야 한다. 약해지는 순간 내 그릇은 작아지게 마련이다. 그릇의 크기는 내가 만들어야 하고 큰 그릇이 되기 위한 내 강점 포인트를 이끌어 내야 한다.

그러면 내 강점을 통해 이직을 어떻게 성공시켜야 하는지 알아보자. 이력서상 경력기술서에 내 강점을 서술해야 하는 상황에서 잠깐 머뭇거리고 있다면, 평소 나를 높이 평가하지 않아서일 것이다. 내가 나를 높이고 존중할 때 내 강점을 쉽게 발견할 수 있다. 20대, 30대, 40대를 거치면서 강점 한 개씩은 누구나 가지고 있을 것이다. 그 강점을 이직 시 경력기술서에 당당히 한 줄 정도는 자신 있게 써내려 가야 한다. 그것은 회사가 만들어주는 것도 아니고, 오로지 나만이 만들 수 있는 것이다.

물론 회사 업무와 연관되어 있기에 업무적으로 강점이 될 수도 있고, 주변인들과 두터운 신뢰로 인간적인 강점이 될 수도 있다. 이 강점은 표현이 되어야 하고, 수치로서 드러나야 한다. 그래야만 지원한 회사에서 나를 평가할 때 객관적으로 볼 수 있기 때문이다. 그러면 나는 어떤 객관적 수치를 내 강점으로 만들 수 있는지 생각해야 한다. 아주 작은 일이라도, 그 크기가 미약하더라도 나로 인해 발생됐고, 내가 참여한 일에 성과가 났다면 그것이 내 이력이 되고, 그것을 강점으로 승화시킬 수 있는 것이다.

내가 하는 업무를 잘 들여다봐라. 나를 통해 타 직원의 숨통을 틔워주었고, 팀의 업무가 잘 해결되었을 때, 그 성과는 정성적, 정량적으로 내 성과로 이어질 수 있다. 내가 지원부서라고 위축될 필요는 없다는 것이다. 나로 인해 해결되는 모든 것은 내 강점으로 표현할 수 있기 때문이다. 소소한 그 무엇이라도 놓치지 말고 내 것으로 만들려고 하라. 그리고 그것을 내 강점으로 어떻게 표현할 수 있을지에 대해 고민하라. 그 작은 하나하나가 모여 내 커다란 강점으로 승화되고, 회사는 그것을 자신감으로 인식하게 된다. 회사는 자신감, 당당함에 더 점수를 줄 것이다.

↗강점을 척용하라

위에서 아주 작은 일이라도 나를 평가하고 수치화하라고 했다. 그리고 그것을 강점으로 사용하라고 했다. 그러면 이 강점에 어떻게 물을 주고 싹을 틔워야 할까? 그것은 스스로에게 자부심을 갖고, 칭찬을 해서 상승시켜야 한다. 그리고 내 영향력이 있을 때 먼저 남을 인정하는 모습을 보여야 한다. 비록 내가 싫어하는 사람이라도 말이다.

내 강점을 하나하나 모으기 위해서는 혼자서는 절대 할 수 없다. 그래서 내 지원군이 필요하다. 이 지원군은 내 팀, 인접부서에 내가 자주 접하고 업무를 해야 하는 사람을 일컫는다. 그리고 나를 평가하는 부서장이 해당된다. 강점을 모으기 위한 기술. 바로 지원군을 내 편으로 만들어 내 강점을 부각시키는 것이다. 그래서 인정을 받기 위한 일종의 치밀한 소통을 해야 한다. 내가 인접부서에 친절하고, 해결사 역을 한다면, 그들로부터 내 강점의 수치를 만들어낼 수 있다. 업무 수행 시 빠르고 신속한 해결책을 제시해주고 편리함을 줬다면 빠른 업무처리로서 나를 평가하게 될 것이다. 그리고 지시한 일에 대한 빠르고 정확한 데이터 제공은 당연히 부서장으로부터 인정받게 될 것이다. 또 이는 내 강점으로 포장되어 주변인들에게 널리 전파될 것이다.

나 또한 가만히 있으면 안 되고 내가 이런 사람이라는 것을 행동으로 보여줘야 한다. 이게 모두 "나 이런 사람이야"라고, "정통한 실무능력자야"라고 무언의 이미지를 심어주는 것이다. 애써 하려 하기는 힘들겠지만, 직장인으로 살아남고 나를 더 가치 있는 사람으로 거듭나게 하기 위해서는 이를 내 강점으로 반드시 만들어야 한다. 묵묵히 일만 하고 말 잘 듣는 사람은 미안하지만 절대 위로 올라갈 수 없다. 빠르고 정확하고 신속할수록 내 가치는 빛을 발하게 된다. 회사는 느리게 한다고 해서 절대 기다려주지 않는다. 내 옆 사람은 물론이고 밑의 사람이든 위의 사람이든 가리지 않고 넘고 넘어야 내 강점을 조금이라도 드러내 보일 수 있을 것이다.

✒️이직은 내 강점으로 나를 움직인다

이직을 결심했는가? 주변에서 나를 부르는 소리가 들리는가? 당당히 외쳐라, 나는 강하고, 나는 이직한 회사에서 인정받을 자신 있다고. 내가 해당 분야 전문가로서 당당히 성장할 수 있을 것이라고 말하라.

30대 이직을 시작했을 때 100가지 물음표로 나는 이직을 해야 할지 고민했다. 빨리 와서 일을 해달라는 회사의 요청에 만감이 교차했다. 누군가 말했다. 고민은 짧게, 할까 말까 했을 때 하는 게 정답이라고. 그래서 난 9년간 쌓아온 모든 지식을 재정비했고, 그것을 내 강점으로 내 이력서를 포장했다. '9년간 내 업적이 이렇게 대단했구나'라고 스스로 뿌듯한 감정을 느꼈다. 이직을 하려고 마음먹고 경력기술서를 써내려가면서 하나하나 나의 강점을 끄집어낼 수 있었다.

여러분도 과거부터 지금까지 내가 하는 업무에 대해 서술해보라. 당장 이직할 마음이 없더라도 경력기술서를 한번 작성해보기를 바란다. 나란 사람이 이런 업무를 했고, 이런 프로젝트를 해서 성과를 냈다는 것을 글로써 표현해보라. 그러면 지금 나를 돌아보게 되고, 부족함을 발견하게 된다. 그리고 그 부족함을 채우기 위해 어떻게 해야 할지 계획을 세워야 한다. 현재 내가 하고 있는 업무가 내 강점으로 이력이 될 수 있도록 이 순간도 노력하고 있다. 이력을 더 다듬고 다듬어 내 목표로 하는 곳에 도달할 수 있도록 도전할 것이다.

⤴강점을 글과 말로 표출하라

강점을 살리라는 말이 이 장의 핵심이다. 그러면 내 강점을 어떻게 표현해야 할까? 위에서 말한 내 일에서 찾은 인성, 사람과 관계, 업무 능력을 한번 정리해보는 것이다. 그리고 내가 이직하고자 하는 회사의 정보를 찾아내어 스스로 분석을 해보자. 예를 들어, 가고자 하는 회사의 브랜드를 직접 방문 및 제품을 보고 분석을 할 수 있어야 한다. 그 분석의 기준은 내가 현재까지 경험한 지식을 총 동원해서 분석해야 한다. 강점, 약점, 개선해야 할 사항, 내가 기여할 수 있는 부분 등을 말이다. 그리고 이 내용을 간략히 이력서상에 적어라. 또 면접 시 내가 분석한 자료를 면접관님들께 제출하고 설명해라. 틀에 박힌 이력서, 경력기술서 만을 가지고 절대 나를 드러내 보일 수 없기 때문이다.

내가 지원하는 이유를 명확히 하고 지원을 위해 이렇게까지 분석을 했으며, 이를 통해 기여할 수 있다는 점을 보여준다면 플러스 점수가 되지 절대 마이너스를 줄 회사는 없다. 치밀함과 적극적인 어필이 없다면 절대 나를 조금 더 보여줄 수가 없기 때문에, 남과 다른 내가 가진 강점을 어필할 도구를 만들어라. 이직은 절대 쉽지 않다. 남처럼 한다면 절대 남을 이길 수 없는 것이 이직의 길이다.

07 매 순간
내 길을 닦아라

이직은 쉽게 이뤄지지 않는다. 준비되지 않는 사람은 그만큼 이직이 힘들어질 수 있다. 그러면 이직을 위해 어떤 준비를 해야 할까? 내 커리어를 만들어 가기 위해 어떤 방향을 설정해야 하고 목표를 세워야 할까?

⟋ 내 길은 내가 만든다

이직을 생각했다면 내가 걸어온 길, 앞으로 걸어가고 싶은 길의 방향을 철저히 세워야 한다. 경력이 짧더라도 지금껏 해온 직무경험, 만난 사람들의 관계, 주변 사람들이 나를 생각하는 평판을 잘 관리해야 한다. 이 3박자가 이직을 좌우한다고 해도 과언이 아니다. 지금껏 나는 직무와 관련해서 최선을 다해 공부했었고 누구보다 잘 해낼 자신감이 있었다. 자신감만으로 과장급까지는 어린 패기와 열정으로 이직을 했었던 것 같다.

하지만 과장급 이상이 되면 패기와 열정은 기본이고 평판, 즉 얼마나 많은 사람들의 신뢰를 얻고 있는지가 중요한 포인트가 된다. 실무 능력도 가능하고 관리력도 되는 사람을 선호하는 이직 시장이 되고 있다는 것이다. 직장 생활은 정말 길지 않다. 이 길지 않은 직장 생활을 어떻게 방향을 설정하는지가 정말 중요한 포인트가 된다.

아주 기본적인 말이 될 수도 있지만, 직장 생활을 시작하면서 방향 설정하기는 정말 쉽지 않다. 그리고 대리, 과장급도 한 치 앞을 볼 수 없는 직장 생활의 방향을 잡기도 어려울 수 있다. 하지만 목표를 세우고 실천을 한다면 못할 것도 없는 것이 이직이다.

내가 30대 중반부터 실천해온 이직은 '실력+사람'을 통해 만들어온 길이었다. 그 과정과 결과에서 만족, 성공, 실패의 경험을 해본 적도 있다.

대리급까지 쌓아온 경력이 지금껏 내가 이직을 할 때 플러스알파 요인으로 이력에 뒷받침되고 있다. 당시만 해도 현재 내가 근무하고 있는 회사, 직무 능력의 가치를 저평가했었던 것 같다. 하지만 퇴사를 하고 난 후 뒤돌아본 내 지식과 가치는 타 회사에서 충분히 기여를 할 수 있는 멋진 경력이 되어 있었던 것이다. 현재 내 위치를 절대 저평가해서는 안 된다. 내가 걸어온 길을 냉철하게 평가하고 장점을 잘 살려야 한다. 그리고 그 평가를 스스로 하여 플러스 알파의 가치를 만들어 이직 시장으로 도전해야 한다. 그래서 나는 첫 직장의 경력과 지식으로 타 회사에 당당히 이직할 수 있었고, 내 가치를 펼쳐 보일 수 있는 계기가 되었다.

안 되는 것은 없다. 하지만 안 된다고 생각하고 나를 저평가하는 순간 내 가치는 두 배의 속도로 떨어지게 되어 있다. 이직을 원한다면 내 길을 스스로 명확히 닦고 목표를 세워라.

✐이직을 시작하라

지금도 이 책을 읽는 분들은 이직해야겠다는 생각이 마음속에 꿈틀거리고 있을 것이다. 아니면 나는 현 회사에 만족해서 이직을 생각하지 않는 사람도 있을 것이다. 하지만 필요에 의해 사용하고 필요하지 않다고 생각되면 과감히 버리는 카드를 쓰는 게 회사다. 회사는 이익을 추구하기 위해 우리를 사용하는 입장이지 우리의 커리어를 높이기 위해 애써 도움을 주지 않고, 미래를 보장해주지 않는다. 마음에 들든, 안 들든 커리어는 내가 살을 붙여 쌓아가야 한다. 이게 현실이고 회사가 주는 평안함에 안주하면 절대 안 된다. 우리는 회사가 어떤 명목으로 우리를 사용하지 않을지 알 도리가 없기 때문이다.

그래서 현 회사에서 나는 아니겠지 하는 마음으로 있다면 다시 생각을 고치기 바란다. 그 시간에 내가 쌓아온 커리어를 활용하여 다른 회사에 문을 두드리고 나의 가치를 평가받아보기 바란다. 이것이 바로 이직의 시작이다.

나의 가치를 평가받기 위한 가장 쉬운 방편은 소개하고자 한다. 이직은 어떤 시기에 내게 닥쳐올지 모르는 것에 대한 대비 차원에서 필요하다. 그리고 이를 위해 다음 사항을 항상 점검하라.

- 내 이력서를 미리 작성하기
- 이전, 현 직장의 경력사항을 적어놓기
- 업계에 있는 선, 후배들을 통한 정보 수집하기
- 구직사이트에 이력서 올려놓기
- 구직사이트 내가 목표로 하는 회사 채용 알림 신청하기

시작했다면 멈추지 마라

이직을 통해 내가 무엇을 얻을 수 있는지, 내가 내 가치를 어떻게 높일 수 있는지에 대해 머릿속에 정리되어야 한다. 이 정리가 되었다면 과감히 이직의 출발점에 올라서고 결단을 내리게 된다. 고민을 한다고 해서 문제는 절대 해결되지 않는다. 가야 할지 말아야 할지 고민이 된다면 과감히 가는 방향을 선택하라. 그리고 선택을 향해 머뭇거리지 마라. 그 선택이 옳은 선택이고 내가 가야 할 방향이라고 믿어라. 그 믿음이 쌓여 정신적으로 무장하는 데 시너지 효과를 발휘할 것이다. 이는 곧 자신감으로 승화되어 누구를 만나도 당당한 나를 발견하게 될 것이다.

↗ 이직의 과감한 길을 걸어라

이직은 단순히 회사를 옮기는 것이 아니다. 물론 현 회사에서 오랫동안 인정받으며 매일매일 안정적인 생활을 할 수도 있다. 하지만 과연 그것이 옳은 선택인가 하는 의문이 들었다. 나는 갇혀 있다는 생각이 들었고, 내가 여기서만 인정을 받아야 하는지, 외부 환경은 어떠한지에 대한 물음이 들었다. 그래서 처음 몸담은 회사에서 이직을 선택했는데, 정말 쉽지 않았다. 의사결정을 정말 오래 했기 때문이다. 주변인들에게 많은 조언을 구했고, 이직을 하는 데 큰 힘이 되어주었다.

내가 고민을 했다는 것은 이직을 하겠다는 마음이 이미 51%가 되었다는 뜻이었고, 주변인들에게 동기부여를 받아 이직을 하는 것이 맞다는 합리화를 하고 싶었던 것이다. 처음엔 두렵고 이게 맞나 하는 물음표가 머릿속에서 떠돌았다. 이 물음표를 해결하는 실마리는 결국 내게 있었다. 주변인의 의견을 들었지만 모든 정황을 인지하고 내게 무엇이 도움이 되는지 퍼즐을 맞추기 시작했다. 나 스스로 말이다. 그렇게 나의 이직의 첫발을 떼게 되었다. 한발 한발 더 험난하고 치열한 사회로 과감한 도전을 한 것이다. 그리고 그렇게 내 길이 만들어지고 있었다는 것을 지금에서야 알게 되었다.

↗ 이직은 나를 보여주는 거울과 같다

누군가 내게 묻는다. "이직을 잘도 한다", "대단해"라고 말이다. 하지만 나는 이를 칭찬이라고 듣지 않는다. 더더욱 나를 채찍질하는 말로 듣고, 더 성장하고 강해지라는 뜻이라고 해석한다. 내가 이렇게 해석하는 이유는, 이직을 통해 내가 성장하고 있다는 것을 증명해 보이고 싶기 때문이다. 내 명함, 아니 내 주민등록증을 보여주는 것처럼 내 피와 살을 다 보여주고 "나 이런 사람이야"라고 당당하게 말하고 싶다. 어렸을 적 이직은 직장에서 자신의 위치가 불안한 사람이 하거나 회사에서 해고당하는 사람이 하는 줄 알고 있었다. 하지만 해가 수없이 넘어가면서 내 생각과 사회적 현상이 동시에 같이 변하고 있었다. 이직은 나를 증명하는 투명한 거울이라는 것이다.

이 투명한 거울 속 나를 돌아보라. 내가 지금 웃고 있는지 인상을 찌푸리고 있는지. 나는 지금 성장 동력원을 갖추고 있어 절대 찌푸리지 않는다는 것을 당당히 보여주어라. 당당한 나는 오늘도 내일도 현재에 충실하며, 지금 몸담은 회사에서 성과를 냄으로써 성장시킬 것이다. 그리고 당당히 다음 스텝, 내가 필요로 하는 곳으로 과감한 이직을 할 것이다.

⤴️이직의 기술은 곧 내 평판

이직 시 닦아야 할 기술 중 하나, 바로 내 평판이다. 경력이 좋다고, 좋은 회사를 다녔다고 이직을 할 수 있는 것은 아니다. 그래서 중요한 건 주변 사람에게 대한 내 평가다. 이 평판을 어떻게 관리했느냐에 따라 이직의 성공을 좌우할 수 있다. 이력은 다 좋은데 평판이 좋지 않다면 사용자 입장에서는 주저할 수 있는 이유가 되기 때문이다. 올바른 인성, 타 부서와 협력도에 따라 나의 평판의 점수가 매겨지게 되어있다. 현 직장에서 팀원, 타 부서와의 관계를 잘해야 한다. 회사가 나를 만들어주지 않는다. 내가 나를 좋은 사람, 함께하면 좋은 사람으로 만들어야 한다. 업무에 정통함은 기본이다.

나의 평판을 가늠할 수 있는 셀프 질문은 다음과 같다.

- 상대방을 평가하듯이 나를 스스로 평가해보라.
- 간접적으로 동료들로부터 나를 평가받아라.
- 타 부서 인원을 타 회사에서 추천한다고 했을 때 누구를 추천할 것인가를 생각해보라.
- 그 사람을 추천한 이유는 무엇인가? 그리고 그 사람과 나의 다른 점은 무엇인가?
- 만약에 타 부서 인원이 나를 추천한다면 어떤 장점을 내세울 수 있을까?

⟋마음이 뛰게 일을 하라

"이직을 잘하려면 현재 하는 일에서 당신 마음이 뛰게 하라."

이렇게 말하면 많은 사람들은 내게 되묻는다. 과연 마음이 뛰는 직업을 발견할 수 있느냐고. 그런데 나는 모든 것은 자신이 믿은 만큼 돌아온다고 생각한다. 이직도 마찬가지다.

이직을 생각하고 있다면 현재 내가 하고 있는 일에 대해 모든 힘을 쏟아라. 좋아도 해야 하고, 싫어도 해야 하는 것이 우리 직장인의 삶이다. 하지만 조금만 생각을 바꾸자. 현재 하고 있는 일에 대해 열린 마음으로 받아들여라. 그리고 마땅히 해야 할 일에 대해 새로운 사고로써 긍정의 마음을 넣어주어라. 그러면 마음이 일에 집중하게 되고 올바른 성과로서 내게 다가오게 될 것이다.

✐ 내가 선택한 직무에 열정을 불태워라

현재 하는 일에서 마음이 뛰게 했다면, 두 번째로는 열정을 불 태우라고 말하고 싶다. 직장인으로서 열정을 불태우는 시기는 반드시, 누구에게나 찾아온다.

열정으로 가득 차 일에 집중해 본 경험을 떠올려보자. 내가 얼마나, 어렵게 취업을 했는지, 그리고 스스로 선택한 직장이라 면 얼마나 감사한지, 그 마음으로 열정을 과감히 받아들이기 바 란다. 자신의 선택이 옳을 수도 있고 그렇지 않을 수도 있다. 그 러나 첫발을 들인 직장의 직무가 쉽게 변하지 않는다는 점을 명 심하라.

지금도 나는 현업에서 벗어나고 싶은 생각이 있지만, 절대 못 벗어나는 이유가 있다. 이것은 바로 신입부터 고생해서 배우고 공부한 일이 지금의 내 업이 되어버렸기 때문이다. 내가 가야 할 길이 현 직무가 맞았기 때문이다. 내가 가장 잘할 수 있는 일이 기 때문이다. 이것을 발견한 순간 난 이 업을 위해 내 30대를 불 태우기 시작했다. 전문가로서 길을 걷기 위해 모든 수단, 방법을 가리지 않고 도전했다. 국내, 해외 가리지 않고 어디든 내가 할 수 있는 곳이라면 달려갔다. 13시간 동안 비행기를 타야 하는 오 지에도 내일을 위해 달려갔다. 당시에는 정말 힘들었고, 불평불 만도 많이 했다. 하지만 피와 살이 되는 업무 지식과 경험이 하 나하나 자리 잡는 순간, 나는 내 이력서의 멋진 한 페이지를 장 식할 수 있게 되었다.

이렇게 고되고 힘든 일을 겪고 나서 느끼는 점은, 항상 뿌듯함이 남는다는 것이다. 쉽게, 편안했다면 절대 성취감, 열정이라는 단어를 수식하지 못했을 것이다. 이렇게 내가 쓰임이 있는 곳에 내가 자발적으로 참여함으로써 나는 승진의 기분을 맛보았고, 많은 청중들 속에서 박수를 받아보았다. 대중들이 바라보는 곳에서 승진이라는 성취감을 받아본 것이다. 내 길을 받아들이고 열정을 쏟아부었던 그 당시의 내가 있었기에 지금의 내가 존재하는 것이다. 반드시 내 직무에 열정을 쏟아부어라. 좋든, 싫든 지금 내가 집중해서 해야 할 업이다. 내 업에 집중했을 때 비로소 나의 가치가 높아지고 이직 시 내 몸값을 높일 수 있다.

↗내 주 종목이 무엇인지 택하라

열정을 불태웠다면, 이제 직무를 불태울 차례다. 이때는 불태우는 내 직무의 강점을 발견해야 한다. 내 강점이 명확할수록 이직은 자연스럽게 연결된다.

이를 위해서는 사회초년생부터 자신의 직무와 커리어 지도를 만들어야 한다. 그리고 주 종목을 반드시 만들어야 한다. "내 주 종목은 바로 ○○이다"라고 자신 있게 말할 수 있어야 한다.

요즘은 한 직무만을 해서는 살아남을 수 없다고 한다. 내 업무, 타 부서 업무 등 멀티로 알아야 살아남을 수 있다고 한다. 맞는 말이다. 하지만 여기서 내 주 종목이 힘있게 버티고 있어야 튼튼한 가지를 뻗어 나갈 수 있다는 것이다. 어설프게 많이 아는 것보다는 어느 한 분야를 파고들어 전문가가 되고 난 후 다른 업무를 들여다볼 수 있다는 것이다.

물론 일을 하면서 자연스럽게 두세 가지의 업무를 습득할 수 있게 될지도 모른다. 하지만 내가 자신 있게 남에게 설명할 수 있는 것은 무엇인지 생각해봐야 한다. 이것도 조금, 저것도 조금 알고 있다면 깊이가 없다는 것이다. '이것만큼은 내가 최고다'하는 업을 만들어라. 다른 사람이 더 잘 알고 있어 위축될 필요는 없다. 남이 아는 만큼 나도 따라가고 앞질러 가면 되기 때문이다.

회사가 필요로 할 때 나를 택하여 일을 진행하게 된다면 나는 전문가로서 인정을 받은 거라고 보면 된다. 회사의 선택이 탁월했다는 것을 업무로써 보여주어라. 이는 내 인생의 이력에 최고의 한 줄로 남게 된다. 그리고 회사에 열정이라는 단어를 수식하며 집중하게 된다. 그러면 나는 한 단계 업그레이드되어 주변에서 나를 데려갈 수 있는 여지를 남기게 된다.

✐마음으로 집중해서 회사와 win-win 하라

내 마음이 집중할 수 있도록 회사에 열정의 마음을 전해라. 마음이 전달되어야 회사도 마음을 열고 나의 가치를 들여다보게 된다. 이 경험을 반드시 해봐야 직장에서 살아남는 법을 어느 정도 알게 된다. 그리고 나와 회사가 동반 성장하게 된다. 이는 겉으로 드러나 보이지 않지만, 마음으로서 연결된 고리로 움직일 것이다. 이 연결고리가 형성되면 회사는 나를 신뢰하게 되고 나는 회사를 통해 마음을 열고 열정이라는 충성을 보여줄 수 있다. 그리고 이 기간 나는 마음으로 집중하게 되고 내 성과를 만들어 낼 수 있는 기회가 된다.

대리급 시절 나는 해외로 종회무진한 경험이 있다. 2달에 한 번씩 출장을 가면서 생산관리라는 직무를 수행한 적이 있다. 외국어를 잘하지는 못했지만 열심히 공부하여 업무상 사용할 수 있는 용어로 모든 상황을 컨트롤했다. 그리고 최종적으로 경영자를 모시고 가서 내가 이룩한 성과를 보여드리며 성공적으로 인정을 받았던 것이다. 내가 경영자를 모시고 간다는 것을 당시 상상도 못 했다. 하지만 내가 한 일에 대해 인정을 해주심에 따라 내 가치는 상승 곡선을 그리게 되었을 것으로 생각한다.

이 기회가 매번 찾아오는 것은 아니다. 시기, 운, 사람 등 모든 것이 자연스러워질 때 가능하다. 이 기회를 절대 놓치지 말아야 한다. 사소한 일이라도 회사와 win-win할 수 있는 연결고리를 만들어야 한다는 것이다. 하지만 회사는 나를 평생 끌어당겨 주지 않는다. 나는 win-win을 한 후 다음 스텝을 밟아야 한다. 이는 바로 이직을 통해 또 다른 회사에 win-win할 수 있는 통로를 마련해야 한다는 말이다.

↗진심은 반드시 통하게 되어 있다

내가 달성하고 싶은 성과를 만들기 위해서는 '진심'을 다 해야 가능하다. 직장에서 '그만둬야지. 이직할 건데'라고 생각을 하고 일을 한다면 성과를 만들어 갈 수 없다. 현업에 있는 동안 진심과 마음을 담아 올인해야 한다. 그리고 퇴근 후 내 미래를 위한 준비를 해도 좋다. 나로 인해 절대 회사에 피해가 끼치는 일은 없어야 한다. 기억하라. 마음이 떠난 직원은 옆 동료, 선후배가 바로 느낄 수 있다. 진심으로 올인해도 성과를 만들기 힘들다. 100% 이상의 진심으로 일을 대할 때 내 평판이 좋아지고, 일의 효율과 경력의 한 줄을 만들어 갈 성과도 창출할 수 있기 때문이다.

이직, 몇 번까지 가능할까 09

∠이직의 기회는 많지 않다

우리가 일평생 일하면서 이직을 몇 번 할 수 있을 것이라고 생각하는가? 변하는 세상에서 한 직장에 남아 버티는 사람을 존경스럽다고 생각하는가? 난 절대 그렇게 생각하지 않는다. 변하는 세상처럼 나도 변해야 살아남을 수 있다고 생각한다. 변화는 내가 만들어가는 거다. 절대 세상이 나를 변화하게 만들어 주지 않는다. 이직은 그야말로 나를 변화시키고 내 능력을 시험할 수 있는 멋진 도전이다.

이직을 위한 자신의 능력이 충전되었다고 생각되는가? 도전할 만한 경험치가 쌓였다고 생각되는가? 그렇다면 이직을 시도해도 좋다. 그리고 내가 나를 시험한다는 생각으로 도전하라. 내 능력, 경험치를, 세상이 나를 수없이 평가하게 만들어라. 수많은 사람, 다수의 회사에 내 역할을 통해 성장했다는 표본을 만들어라. 그 표본이 내 후배들에게 본보기가 될 정도의 지식을 만들어놓고 은퇴하라.

✎ 이직의 횟수는 내 능력과 비례한다

내가 능력이 있다면 몇 번의 회사를 옮겨도 그 사람은 성장한다고 본다. 내 인생의 경력에 한 회사만 덜렁 있다고 생각해보라. 얼마나 허전한가. 반대로 내가 현 회사의 지식과 경험을 인정받아 타 회사에서 쓰임을 받고 이익에 기여할 수 있다고 생각해보라. 그러면 첫 번째 회사에서의 업적, 두 번째 회사에서 기여도, 이 모두를 인정받아 세 번째 회사가 나를 기다리고 있을지 모른다.

여기서 중요한 것은 바로 내 능력이다. 능력이 있어야 이직도 몇 번이고 가능하다. 능력에는 업무적 능력도 있겠지만 인성, 사람 관계, 해결 능력, 동료 관계 등 모든 것이 내포되어 있다. 그러면 나는 어떤 능력이 강점이고, 약점인지 파악해야 한다. 그리고 약점은 보완하고 강점은 더 살려 나라는 사람의 브랜드를 만들어야 한다.

모든 제품의 판매력은 브랜딩에서 나온다고 한다. 내 능력이 채워진 상태에서 브랜딩은 모두가 같이 일하고 싶은 마음을 이끌어낸다. 그리고 여러 회사에서 나를 사용하고자 덤벼들 것이다. 이직시장에서는 바로 이런 능력 경험치가 있는 사람을 선호하게 되어 있고, 이를 통해 회사에 이익이 되기를 바란다. 이런 사람은 어디를 가든 성공사례를 만든 경험치가 있기에 인정을 하지 않을 수가 없다. 그러면 타 회사에서도 반드시 성공사례를 만들 것이고, 선순환 구조로 이직의 추월차선으로도 쉽게 뻗어 나갈 수 있게 된다. 이렇게 성공사례를 반드시 만들어야 하는 건 아니지만 내 존재를 부각시켜야 한다는 것이다. 위에서 말한 다각도의 능력치를 점검해보라. 내게 부족한 부분은 있는지, 내가 내 브랜딩을 잘하고 있는지. 이를 갖춘 자는 여러 번 이직해도 새로운 이직 기회가 긍정의 신호로서 나에게 다가올 것이다.

⟋직급에 맞는 이직 기회 발견하기

우리는 가슴에 사직서를 품고 있지 않은가? 나는 그랬다. 하지만 여기서 한 개 더 가지고 있어야 한다. '사직서+이력서'를 항상 가지고 있어야 한다. 이 경력기술서는 연차, 직급이 늘어갈수록 나의 가치를 시장에서 평가받기 위한 증명서이기 때문이다. 위에서 언급했지만, 직급을 막론하고 어떻게 이직 기회를 발견해야 할까? 직장 생활은 평균적으로 평균 남자 30살, 여자 25살에 시작된다고 한다. 정년이 55세라고 했지만 난 50세라고 본다. 그러면 남자는 20년, 여자는 25년 일을 하게 된다. 내가 태어나서 대학에 가고 공부를 했던 시간에 비해 직장에서 살아남아 일할 수 있는 연한이 더 짧다는 것이다. 참 아이러니하다. 이렇게 짧게 일을 하려고 그렇게 오래 공부를 했는가 하는 회의감이

들기도 한다.

나는 의류업종으로 시작을 했고, 현재도 의류업에 종사하고 있다. 의류업을 벗어나보려고 했고, 직종을 바꿔보려고도 했다. 하지만 신입 때 발을 들여놓은 직종을 포기할 수가 없었다. 내가 가장 잘할 수 있는 직무였기 때문이다. 나는 전문 직종이니깐 과장으로 오래 살아남고 45세 이후 팀장급으로 올라서는 계획을 세웠었다. 하지만 40세가 넘어 가는 시기에 팀장이라는 타이틀을 달아야 했고 직급도 이직을 하면서 자연스럽게 올라갔다.

이직은 직급에 따라 사회가 필요로 하는 가치가 다르다. 회사에서는 대리~과장급을 선호한다. 그리고 직급이 올라가면서 피라미드 구조로 좁아지게 된다. 대리, 과장급에서 활발히 이직을 준비하고, 실천에 옮겨야 한다는 뜻이다. 사원, 주임급에서 이직 시 내 현 직종으로 갈지, 직종을 변경해 다시 시작할지 충분히 고민하고 해야 한다. 적어도 대리에서 과장 1번, 과장에서 1번, 차장급에서 2번, 부장급에서 임원까지 1번~2번 정도가 되어야 한다고 생각한다. 이렇게 이직을 하다 보면 어느새 자녀는 훌쩍 커져 있을 것이고, 대학에 진입했을 수도 있다. 이 책이 출간되었을 때 즈음엔 내 청사진대로 타 회사에서 다른 직급으로 근무를 하고 있을지 모른다.

코로나 이후 3년이 지난 시점, 경기는 살아나고 있다. 백화점 매출이 늘어나고 있고, 소비 심리가 늘어나고 있다. 이는 내게 기회다. 코로나 기간 인원 정리를 했던 회사들은 올해 다시 중간

관리자급을 충원할 것이고, 이는 내게 기회가 될 것이다. 환경적인 영향에 의한 기회가 찾아온 것이다. 내 능력, 인맥도 중요하지만, 환경적 요인을 어떻게 내 것으로 만들지에 대한 방법을 찾아야 한다.

↵내 청사진을 통해 예측하라

사람 일은 아무도 모른다고 한다. 마찬가지로, 직장 생활 또한 어떻게 될지 아무도 모른다. 요즘 회사는 1년, 빠르면 6개월 단위로 회사 방향성, 조직을 개편한다. 자의든 타의든 회사의 결정에 따라 직장인의 운명이 결정되는 것이다. 그리고 부서 내 상황에 따라 내 자리가 없어질 수도 있다. 어떠한 상황이 닥쳐올지 예측이 안 되는 시점에서 난 어떻게 청사진을 그려 이직을 대비해야 할까? 바로 눈과 귀를 열고 회사, 세상 돌아가는 상황을 주시해야 한다. '일만 잘하면 되겠지, 나는 괜찮을 거야'라는 생각을 바로 버려라.

내가 몸담은 회사의 경영 사정, 그리고 조직에 대한 이슈 사항을 반드시 챙겨야 한다. 그리고 내가 어떻게 포지션될지에 대해 생각해야 한다. 신입이건 부장이건 다 같은 입장을 유지해야 한다. 바보같이 일만 열심히 하고 있는데, 부서장은 전혀 다른 사람을 내 자리에 데려오려고 생각하고 있다면 바로 버려지는 것이 현실이다. 아니라면 나가게끔 현실을 만들어 나를 내보낼 수도 있다. 상황이 긍정적이든 부정적이든, 최악의 상황이라도 이직을 생각하지 않으면 살아남지 못하는 세상이다. 그래서 이직의 목소리는 점차 높아지고 있다. 이를 빨리 직시하고 내 앞길을 예측해야 한다. 현 회사에서 내 성과, 역할을 빨리 깨달아야 하고, 성과 지향적인 사람이 되어야 한다. 내가 회사에 꼭 필요한 사람으로서 자리매김해야 한다. 그래야 내 이직의 길을 열어볼 수 있는 기본자세를 갖추어 준비할 수 있다.

✐ 이직 때는 신중하고 상황에 맞게 움직여라

이직을 하고자 하는가? 내 능력을 검증받고 싶은가? 그러면 생각과 말을 일치시키고 나를 냉정하게 분석해라. 그리고 내 가까이, 주변 환경을 명철하게 분석해라. 아울러 내게 유리한 상황을 만들어 나를 세상에 브랜딩하라. 그다음에 나를 시장에 내놓는다면 반드시 내 가치를 발견한 회사는 나를 사용하게 되어있다. 이직은 내가 내게 투자한 만큼 성공하게 되어있다. 그리고 현재 세상의 이슈에 대한 정보를 현 회사에, 내게 적용하고 어느 정도 기간을 두고 움직여야 할지 분석하고 반영하라. 고용상황, 시장 상황은 바로 기업이 인력을 수급하는 척도가 된다.

✐ 이직의 최적 시기

이직의 시기는 정해진 것은 없다. 하지만 직장 생활을 해본 결과 이직은 시기별로 경험하기를 추천한다. 직장에서 오래 견디지 못하고 이직을 하는 거면 문제가 있지만, 자신만의 성과와 목표를 가지고 움직인다면 이직은 좋은 결과로 평가될 것이다. 이직은 3~6회 정도가 최적이라고 생각한다. 실무단계에서 1~3번, 부장급 이상에서 1~2번 정도가 적합할 것이다. 그리고 임원급은 2회 이직을 추천한다.

〈실무단계〉
- 1번째 : 대리~과장
- 2번째 : 과장~과장
- 3번째 : 과장~차장

〈관리자 단계〉
- 4번째 : 차장급
- 5번째 : 부장
- 6번째 : 임원

나는 한 직장에서 올인을 추천하지 않는다. 내가 원하고 나를 사용한다는 회사가 있다면 주저 없이 이직을 하라고 권하고 싶다. 단, 현재의 직장 생활에 내가 할 수 있는 모든 것을 쏟아부어라. 그리고 당당히 회사 생활을 하라.

3장

더 나은 나를 위한 마인드셋

0점 잡기
프로젝트

01

⟋0점에서 시작하라

이직을 하고자 마음먹었다면 과감하게 밀어붙여라. 할까 말까 생각했다면 과감히 하는 방향으로 해야 한다. 머뭇거리고 다시 생각한다 해도 모든 것은 다시 0점으로 돌아오게 되어있다.

0점 잡는다는 것은 총을 쏠 때 크리크를 돌려 총알이 과녁 중간에 잘 들어가게 수정한다는 의미다. 총이 중심을 향해 잘 날아가게 조정한다는 의미다. 총을 쏘듯이 우리는 마음의 0점을 잡아야 한다. 그리고 0%에서 시작해야 한다. 그래야만 욕심과 자만을 버리고 초심으로 돌아오게 된다. 이직은 심호흡 한번 크게 하고, 멀리 보고 질러야 한다.

♂초심을 유지하라

총을 쏠 때 가장 중요한 것은 마음의 평정심을 유지하는 일이다. 심호흡을 크게 하고 숨을 3분의 2 정도 내쉬고 참는다. 멈춘 상태에서 검지로 방아쇠를 당긴다. 이때 가장 중요한 것은 숨을 참는 동안 나와 총이 흔들리지 않아야 한다는 것이다. 조금이라도 흔들리면 총알은 내가 생각하지 않은 다른 방향으로 날아가 버린다.

나는 군대 훈련 시 사격테스트를 통과하지 못했다. 테스트에 통과하지 못했을 때 나는 커다란 실망과 좌절감을 느꼈다. 그래서 주말에 훈련소에 남아 실탄 200발을 챙겨 하루 종일 연습한 적도 있다. 내게 사격 연습을 한다는 것은 대단한 도전이었다. 사실 나는 후보생 시절 사격으로 인해 귀가 안 좋아진 경험이 있다. 그래서 주변 큰소리에 내 귀는 정말 민감할 정도로 좋지 않은 상황이었다. 하지만 나는 이를 극복하기로 마음먹었고, 보호용 귀마개를 착용하고 주말 연습에 돌입했다. 결국 테스트에 통과했고, 나는 내 약한 부분을 정신력으로 싸워 이겼다.

이직도 마찬가지다. 현재 직장에서 불평, 불만, 그리고 타 회사로 이직을 해야 한다는 마음을 지속적으로 가질 때가 있다. 그때 자신의 초심, 즉 0점에서 나를 되돌아봐야 한다. 지금 괜찮은가. 과연 지금이 0점인가. 내가 지금 나에 대해 점수를 매긴다면 얼마를 줄 수 있을까? 즉 매일매일 초심의 자세로 업무를 대하고 절대 자만하지 않는 나를 봤을 때, 비로소 다음 단계, 즉 이직의 문을 두드릴 수 있을 것이다.

⤷작심삼일을 매일 하라

이직을 하겠다고 마음먹으면 절대 안주하지 마라. 회사와 조직에 피해를 끼치지 않는 범위까지만 일해야 한다. 그리고 이직을 위한 단계를 하나하나 밟아야 한다. 하지만 우리는 간혹 내게 맡겨진 일에 끝까지 열과 성의를 다하는 동료를 볼 수 있다. 절대 그렇게 하지 말기를 바란다. 회사는 내가 없어도 아무 일 없었다는 듯이 잘 돌아갈 것이다. 그러니 내가 현재 일을 더 해준다고 해서 절대 회사가 인정 해주지도 않고, 잘해준다고 박수를 쳐주지도 않는다. 그저 할 일만 해주고 다음 단계를 달성하기 위한 프로젝트를 진행하길 바란다.

이직을 생각했다면 되돌릴 수 없도록 강력한 마인드셋이 필요하다. 강력하지 않으면 현 업무에 짓눌려 이직을 해야 하는 상황인데도 불구하고 하지 못하는 경우가 발생한다. 마음먹은 대로, 마음이 가는 대로 해도 되지 않는 세상이다. 그러니 마음먹은 대로 그 뼈대는 탄탄히 만들고 이직의 시작을 지금 이 순간 해야 한다. 이직을 해야 하는 상황임을 깨닫는 순간 절대 현 회사에 충성하지 말고 나를 위한 일에 비중을 두어라. 잊지 마라. 오늘 당신은 이직을 하기로 마음먹었다.

이 마음을 내일도, 그다음 날도 잊지 말고 나를 위한 일에 집중하라.

✐신입의 자세로 돌파하라

신입 때 배운 말이다. 바로 '돌파'라는 단어다. 당시 그 말이 정말 생소했다. 신입 교육 당시 돌파 반, 혁신 반 이렇게 나뉘어 있었다. 돌파가 뭐지? 혁신을 어떻게 하라는 거야? 신입 때는 뭐든지 물음표가 많았다. 그리고 어떻게 해야 하는지 알고 싶었다. 나는 돌파라는 말이 가장 멋진 단어라고 생각하고 내게 적용을 하기 시작했다. '안 되는 일이 있으면 돌파하면 되지'라는 생각으로 일을 하기 시작했던 것이다. 그래서 하다 보니 되고, 또 막히는 건 뚫으면 됐었고, 정말 안 되는 일도 되게끔 돌파를 했었다. 첫 직장에서 이렇게 훈련을 받고 스스로 깨달음으로써 나는 점점 강해지기 시작했다. 세상에 안 되는 일이 없는 줄 알았다.

하지만 신입이 끝나고 점점 연차가 쌓이면서 나는 일보다 사람의 벽, 그리고 회사라는 타성에 젖어 젊은 패기를 잃어 가는 느낌을 받았다. 아울러 여기서 벗어나 다른 세상의 사람과 분위기에서 나의 존재감을 드러내고 싶었다. 그래서 대리 진급 2년 후 난 과감한 시도를 하게 된다.

신입부터 시작한 회사에서 벗어나는 결정을 한 것이다. 지금 생각해보면 후회도 많이 했지만, 그렇지 않았더라면 현재 이 글을 쓰지 못했을 것이라고 생각한다. 왜냐면 난 이직을 통해 내 경제적 성장을 했고, 나의 존재를 더 확고히 알게 되었으니 말이다. 이직을 위해 수없는 구직지원, 주변 사람과 소통, 그리고 구직사이트를 들여다보면서 업계 흐름을 자연스럽게 알게 되었다.

또 새로운 사람들과 인적 관계 형성 그리고 회사의 분위기, 시스템을 다방면으로 익히게 되었다. 언제 어디를 가든 난 경험자고 회사의 분위기가 사람에게 어떻게 영향을 미치는지 파악하게 되었다.

쉽지 않고 힘든 길을 걸어온 내가 항상 외치는 건 '돌파'다. 그리고 항상 새로운 조직에서는 나는 신입이자 경력자다. 경력자로서 경력만을 내세우지 말고 항상 그들의 눈높이에서 낮은 자세로서 상대, 조직을 파악하라. 그리고 그 틈새를 공략하고 내 위치를 다져야 한다. 우리는 절대 강자로서 조직에서 기여할 수 있는 동기 부여자가 되어야 한다.

⌒심호흡 크게 한 번

심호흡 크게 하고 외처라. 나는 돌파하는 것으로 나의 인생을 개척한다. 그리고 나는 내 경제적 안정과 가족을 지키기 위해 무엇이든 할 준비가 되어 있다고 말이다. 내 굴곡 많은 인생을 어떻게 장식하고 만들어가야 할지 매 순간 고민해라. 그리고 눈을 감고 심호흡 크게 하라. 깨끗한 백지를 들어라. 거기 중심에 작은 점, 0점을 그리고 어떻게 나를 만들어갈지 내 목표를 새롭게 적어라. 다음 페이지에 0점을 어떻게 잡고 내 커리어를 어떻게 만들어가야 할지 0점 잡기 프로세스를 작성해보기 바란다.

〈0점 잡기 10단계 프로세스〉

1. 지금 내가 가장 중요하게 해야 할 일 10가지를 적어보자.

2. 그리고 이 중에서 우선순위로 중요한 3가지로 압축하자.

3. 내가 우선순위 3가지를 왜 해야 하는지를 적어라.

4. 3가지 중 또 우선순위를 정하자.

5. 이 우선순위를 달성하기 위해 어떤 방법으로 하고 있는지 적어라.

6. 이 우선순위를 통해 내가 기대하는 성과가 어떤 것이 있는지 예상하라.

7. 그리고 이 목표를 달성하기 위한 도구를 적어라.

8. 이 도구를 통해 반드시 달성하겠다는 실천구호를 정해서 매일 되새겨라.

9. 그리고 나서 두 번째, 세 번째 목표를 이어서 실행하라.

10. 역량에 따른 목표달성을 하되 첫 번째, 두 번째를 동시에 실행해도 좋다.

내가 집중해야 할 것이 무엇인지를 파악하는 것이 가장 중요하다. 이것도 해야 하고, 저것도 해결해야 하고, 여러 가지 상황이 내게 닥쳐올 수 있다. 그때 필요한 것이 바로 평정심, 마음의 0점을 잡아야 한다는 것이다. 그리고 집중해서 달성해야 할 것에 대해 몸과 마음으로 받아들이고 정면돌파 해야 한다. 집중을 하지 못하면 절대 이직을 할 수 없다. 이직은 정신력으로 승부를

한다 해도 과언이 아니다. 기본적인 집중력, 목표를 명확히 하는
자세와 마음을 가지도록 하자.

✐이제 주사위는 던져졌다

마음의 평정심을 찾고 나면 우리는 머릿속 어지러운 부분이
깨끗해지는 기분을 느낄 수 있을 것이다. 이는 내 평정심을 찾았
는지 그렇지 못했는지에 따라 이직의 진도를 파악할 수 있을 것
이다. 마음은 마음으로 다스려야 한다. 옳고 그름의 판가름은 내
머릿속 여유가 있을 때 가능하다. 내게 맞는 이직을 위해 마인드
셋이 반드시 필요하다.

02 새벽 시간의
소중함

⌒나의 황금시간을 찾아라

시간을 통제해본 적이 있는가? 시간이 없다고 투덜거리기만
할 것인가? 이직을 하겠다고 마음먹었다면 두 배로 시간을 사용
하면서 준비해야 한다. 현직에 있으면서 이직 준비는 여간 힘든
일이 아니다. 이때 내가 어떤 시간에 어떻게 준비하느냐에 따라
내 효율은 높아지기 마련이다. 가만히 흘러가는 대로 둔다면 나
는 그냥 시간이 나를 끌고 가는 대로 흘러만 갈 것이다. 하지만
내가 시간을 주도할 수 있는 입장이 된다면 내 주변 모든 것을 컨
트롤할 수 있게 된다. 시간을 통제하고 활용하는 자만이 내 가치
를 상승시킬 수 있다는 것을 명심하라.

↗ thank you early time

결혼을 하면서 내게 변화가 생겼다. 그중 하나가 바로 새벽 시간을 내 것으로 만드는 것이다. 낮시간 동안 가족에게 시간을 할애하고, 내 시간은 새벽에 사용하는 것이었다. 내가 가장 집중되는 시간이 언제인지 가만히 생각해보았다. 아무도 내게 방해를 주지 않고, 나 또한 조용히 생각할 시간을 찾아야 했다. 그리고 내가 집중을 할 때가 언제인지, 어떤 일을 하고 있을 때 몰입을 하는지 가만히 생각해보았다. 바로 새벽 시간이었다.

나는 새벽 시간에 내 생각과 말을 글로써 써보며 생각할 때 가장 내게 집중한다는 것을 발견했다. 그래서 지금도 이 글을 쓰고 있는지도 모른다. 그리고 이직이라는 주제로 책을 써 내려가고 있다. 이직이 왜 내게 특별한지 나는 지금 이 새벽 시간에 다시금 떠올리곤 한다. 따라서 새벽에 내가 이뤄낸 것들에 대해 소개해 보려고 한다.

대학교 시절 항상 기억나는 것 중 하나가 있다. 바로 내 인생을 5년 단위로 나눠 설계하는 것이었다. 당시 나는 새벽에 도서관에서 이 작업을 하고 있었다. 말은 새벽이지만 밤새 공부를 하다 주위를 둘러보니 새벽이 온 것이다. 피곤하다는 생각과 집에 가야 한다는 생각을 하면서도 갑자기 내 미래가 궁금했고, 미래에 어떻게 살아야 할지에 대해 써 내려가기 시작했다. 내 생각을 정리할 때가 가장 즐겁고 집중도 잘 되었다.

그리고 고등학교 시절 난 대학교에 입학하면 꿈꾸던 일이 있었다. 그것을 그림으로 그렸고, 그림에 내가 하고자 하는 것들을 그대로 그렸다. 그다음 하나하나 실천해 갔다. 지금 생각하면 어렸을 때 꿈을 꿨던 일들을 하나하나 달성하고 있었다. 하지만 나이가 들면서 그 어릴 적 꿈들은 하나하나 새로운 작은 꿈들로 작아지고 있었다. 그리고 새로운 거대한 꿈들로 재구성되고 있었다. 바로 사회생활을 어떻게 해야 하고, 어떤 그림을 그려야 내가 직장 생활을 하는 데 성공적으로 이어질지에 대한 고민이었다.

여기서 중요한 점은 어렸을 적 했던 큰 그림 그리기를 다시 해야 한다는 것이다. 바로 그 그림을 이제는 구체적으로 그려야 한다. 언제 어떻게 시간을 내서 그려가야 할지 결정해야 한다. 나에게 꿈들을 재구성하는 시간은 언제나 새벽이었다. 주말이든 평일이든 새벽이 되면 어떻게 해서든 혼자만의 시간을 가지려 했다. 그리고 그 시간 만큼은 나를 위한 시간, 내 미래를 구성하는 시간들로 사용했다. 여러분도 가장 고민되는 일들이 있거나, 꿈꾸는 일들을 하고자 할 때 자신에게 집중할 수 있는 시간을 반드시 만들고, 그 시간에 아무에게도 방해받지 않고 집중해보기를 바란다.

✐ 내게 맞는 시간 컨설팅

이직을 주제로 글을 쓰기 시작하면서 나는 '내가 이 책을 써도 될까'하고 의심을 한 적이 있다. 하지만 바로 내가 이 책을 반드시 써야 한다고 생각했다. 바로 내가 어떻게 이직을 하면서 지금 이 직장 생활을 버티고 있는지 말이다. 이직을 해야겠다고 결심한 순간, 나는 내 관리에 더 신경을 썼다. 채용 공고사이트에서 채용공고문 찾기, 이력서, 경력기술서 작성, 그리고 하나 더 해야 하는 것은 내 건강관리 즉 컨디션을 일정하게 유지하는 것이었다. 아울러 이것은 현직에 있으면서 시간을 안배해가며 해야 했다.

30대에는 이직을 정말 내 가치를 내세우고 펼쳐 보일 기회로 삼을 최적의 이직 타이밍이 존재한다. 우리는 모두 공평하고 각자가 가진 달란트가 다르다. 그래서 이직을 하고자 한다면 내 정신적, 체력적 소모를 최적화해야 한다. 그렇게 하기 위해서는 위에서 말한 해야 할 일에 대해 시간 안배를 정말 잘해야 한다. 잡서치는 언제 할 것인지, 현 회사에서 업무는 어느 정도까지 해야하고 퇴근을 해야 할지. 체력을 위해 운동은 언제 할 것인지. 모두 치밀한 계산에 의해 움직여야 한다. 해야 함을 알지만 놓치고 못 하는 경우가 대부분일 것이다. 이렇게 해야 이직을 위해 한 걸음 한 걸음 다가설 수 있을 것이다.

이직 준비 시 고민은 정말 많을 것이다. 그 고민을 하는 시간에 이미 채용공고문 마지막 접수일은 다가올 것이고 서둘러서 이력서를 작성해서 보내는 일이 생길 것이다. 미리 준비하는 자를 이길 수 있는 방법은 없다. 지원하고자 하는 회사에 집중, 몰입을 해야 한다. 그 집중과 몰입을 위한 시간을 잘 안배해보자. 언제 이력서를 쓸 때 잘 써지는지, 회사 정보를 찾아보고 그 회사를 알아가는 데 시간을 투자했는지. 내 체력 관리를 통해 건강을 갖춰 면접 시 당당할 수 있는지 말이다.

그리고 마지막으로 해야 하는 것은 바로 동종업계 지인을 찾아보는 일이다. 이직을 하고자 마음먹는 시기에 그분들과 소통하고 업계 동향을 들어야 한다. 이 모든 것을 위해서는 내가 내 시간을 컨설팅해야 한다. 어느 누구도 도와줄 수 없는, 자기 자신만이 할 수 있고 해야 할 일이다. 주 단위 계획을 하고 일자별 내가 해야 할 일에 대해 다이어리에 적고 실천하자. 타 회사에서 합격 통보가 오기 전까지 주 단위로 같은 패턴을 유지해야 한다. 월~금, 토~일의 일 단위 계획을 아래와 같이 세워보자.

⟋시간 쪼개기

바로 앞에서 말한, 해야 할 일에 대해 시간 쪼개기를 해야 한다.

월	화	수	목	금	토	일
잡 서치	잡 서치	운동	경력 기술서 작성	경력 기술서 작성	검토 및 지원	운동

이 패턴을 새벽 시간, 퇴근 후로 해서 또 세분화해야 한다. 내가 내 컨디션을 잘 확인하고 머리가 잘 돌아가는 시간에 이력서 검토가 이뤄져야 한다.

여기서 왜 매주 이 패턴을 반복해야 하는지 궁금해 할 것이다. 내 직무는 정해져 있고, 경력도 이미 완성되어 있지만, 해당 회사의 입사 지원양식이 다를 수도 있고, 회사가 원하는 직무에 약간의 변동이 있을 수 있다. 그때마다 이력서, 경력기술서는 수정 보완해야 한다.

이때 보완 시 정말 꼼꼼히 해야 한다. 회사명이 이전 지원한 회사의 이름으로 들어가 있는 것을 깜박하고 수정하지 못하고 보낼 수도 있기 때문이다. 그래서 가장 머리가 깨끗하고 집중이 잘 되는 시간, 요일을 정해서 이력서 검토 및 수정을 해야 한다. 그리고 발송은 정말 신중하게 해야 한다. 깨알 같은 시간 관리는 바로 내 정신적, 체력적 소모를 줄여 주는 역할을 할 것이다.

새벽 시간에 내가 할 일, 퇴근 후 내가 할 수 있는 일, 주말에 내가 반드시 해야 할 일에 대해 세분화하여 이직을 위한 프로세스를 만들어보기 바란다. 그냥 한번 작성해서 시험 삼아 보내는 일은 절대 없어야 한다. 철저한 자기관리, 시간 관리를 통해 현업에 있으면서 이직을 성공해야 하는 이유다. 마음은 있지만 정신적, 체력적으로 따라와 주지 않는다면 지금 바로 시간 관리 테이블을 만들고, 작심삼일을 매일 해보길 바란다.

⟋시간을 정복하는 자가 승리한다

위에서 말한 내용은 바로 현업에 있으면서 시간 관리를 통해 이직을 성공해야 한다는 것이다. 퇴근 후 지쳐 힘들다고 생각하지 마라. 지금의 시간 관리를 통해 해놓은 일들이 보다 좋은 회사로 이직하는 길이 되기 때문이다. 어렵다고 현 회사에 안주하지 마라. 회사는 많고 내가 찾고자 하는 회사는 지금 이 순간도 누군가를 찾고 있을 것이다. 주저하지 마라. 내가 나를 관리하면 이는 곧 내 경쟁력으로 빛을 발하게 된다. 시간은 기다려주지 않는다. 시간의 끈을 내가 잡고 이끌어야 한다. 게으른 이직의 성공은 없다. 철저한 자기관리로 이직을 성공으로 이끌어라.

스스로 이기는 법칙을 만들어라 | 03

내가 만난 사람이 재산이다

사회생활을 하는 동안 가장 소중한 것이 뭐냐고 물으면 나는 1순위로 '사람'이라고 말하고 싶다. 직장은 사람과 사람이 일하는 곳이다. 사람과 기계가 일하는 곳도, 사람과 컴퓨터가 일하는 곳도 아니다. 일은 어디까지나 사람을 통해 시작하고 사람을 통해 마무리된다고 나는 생각한다.

전 직장을 다니며 가장 불만이었던 것이 있었다. 바로 회사에 일하는 프로세스가 없다는 점이었다. 하지만 그 회사를 퇴사하고 몇 년이 흐른 후 다시 생각해보니 떠오르는 것이 있었다. 그것은 바로 '사람'이었다. 그 회사는 비록 프로세스는 없을지언정 사람과 사람이 네트워크가 되어 일을 진행시켰다는 사실을 뒤늦게 깨달았던 것이다. 사람과 사람이 만나 작은 소그룹으로 만들었다. 함께 공동의 목표를 통해 서로의 아이디를 내어 작지만 큰 성과를 만들어냈다. 이는 인적자원이 자생적으로 만들어낸 사례였다. 이를 통해 경영자를 모시고 해외 공장을 시찰하며 성과를 인정을 받았던 경험이 있다. 프로세스에만 얽매이지 않고, 사람과 사람의 네트워크가 만들어 낸 소중한 성과였던 것이다.

직장 생활을 하면서 얼마나 많은 사람을 만나게 되는가? 그 사람들이 당신의 성공가도에 아주 작은 부분이라도 영향을 끼치고 있다는 점을 늘 명심하라.

∠나와 연결된 인적 파이프라인을 구축하라

내가 직장 생활을 하면서 만난 사람들을 신입부터 따져보면, 지금까지 수백 명은 넘을 것이고, 그중 연락이 단절된 사람도 있지만 아직도 유기적인 소통을 유지하고 있는 사람들도 있다. 현재까지 연락을 하고 있는 몇몇 분들은 서로 신뢰로써 반갑게 맞이하며 소통을 이어가고 있다. 여기서부터 인적 파이프라인이 시작되는 것이다. 그리고 연차가 흘러가면서 새로운 파이프라인을 만들어갔다. 여기서 내가 만난 사람들의 목록을 만들고 어떤 계기로 만났는지 점검 해볼 필요가 있다.

나와 연결될 인적 파이프라인을 구축하기 위해서는 다음과 같은 리스트를 만들어 정리하면 도움이 된다.

〈나와 연결된 인적 파이프라인 리스트〉

1. 내가 현재 소통하고 있는 사람은 몇 명인가요? (일적으로/개인적으로)

2. 한 주에 몇 번 사람을 만나고 소통하나요?

3. 한 주에 몇 번 정도 지인과 전화통화를 하나요?

4. 내가 참여하고 있는 커뮤니티가 있나요?

5. 현재 내가 연락하고 있는 직장/대한 선후배가 있나요?

6. 선/후배와 소통은 어떻게 하고 있나요?

7. 이전 회사 사람들과 소통을 하고 있나요?

8. 직장 내 마음을 터놓고 소통하는 동료가 있나요?

9. 나를 추천해줄 수 있는 직장 내 선후배가 있나요?

10. 내가 힘들 때 내 고민을 들어줄 선후배가 있나요?

╱인물 리스트 작성 후 피드백

앞의 표에 썼듯 친구 및 사회생활을 하면서 만난 사람들을 적었다면 그다음은 내 주변 사람들이 얼마나 있는지, 내가 앞으로 지속가능하게 만날 사람은 얼마나 되는지 점검하게 되었을 것이다. 적을 사람이 많다면 A4용지에 다시 한번 작성하기를 바란다. 표의 오른쪽에 있는 사람들이 그래도 내가, 상대방이 서로 협력을 요청했을 때 가능한 사람이어야 한다. 적어도 5명 이상 10명 이하는 나와야 한다. 그렇지 못했다면 지금이라도 노력해서 파이프라인을 만들어라. 그래야만이 내가 살아가는 데 지원군을 얻을 수 있다. 내가 살아가면서, 직장 생활을 하면서 크고 작든 누구에게나 도움을 요청하는 일이 발생될 수 있다. 이때 나를 믿고 도와줄 사람이 필요하다.

나는 직장 생활을 하면서 도움을 많이 받으며 살아가고 있다고 생각한다. 이전 직장에서 같이 일했던 실장님과 퇴사 후에도 지속적으로 연락을 유지하고 있었다. 지금도 연락하고 있는 분이기도 하다. 그런데 이직을 고려하던 차에 실장님께서 연락이 온 것이다. 현재 그분 팀에 사람을 구해야 하는데 내가 적임자로 와주었으면 하는 제안이었다. 이력 상 옮기는 것이 내게 유리한 조건이었고, 좀 더 현업에서 업그레이드할 수 있는 제안이었다. 수일 고민 끝에 난 그분과 같이 일하겠다는 의사를 표현하였다. 그리고 1년 이상 그분과 일하게 되었다. 이전 직장에서 만난 분이었지만 나를 인정하셨고, 같이 일하면 성과를 낼 수 있다는 목적하에 나를 채용해 준 것이다. 이는 바로 지속적인 소통이 있었기에 가능한 것이라 본다.

퇴사한 지 2년이 흘렀지만, 난 중간중간 그분과 소통의 끈을 놓지 않고 있다. 내가 소통을 하지 않았고, 갑작스러운 상황에서 비슷한 상황이 발생했다면 이직은 성사되지 못했을 것이다. 생각해보라. 나도 이렇게 도움을 받은 상황, 혹은 도움을 준 상황이 있는지 말이다. 이 관계로 소통한 사람이 바로 인적 파이프라인이 되는 것이다.

∅ 파이프라인 구축 방법

나는 의류업에 종사하고 있다. 의류업은 특성상 회사 동료, 선후배, 협력업체분들 등 많은 사람들과 협력을 해야 하는 업종이다. 의류가 만들어지기까지는 수많은 사람들의 손을 거치고, 공장의 숙련된 공인들로 인해 옷이 완성된다. 정말 사람으로 시작해 사람으로 끝나는 일인 것이다. 의류업은 특성상 의류 디자인부터 원·부자재 생산, 재단, 봉제, 완성, 무역업무까지 여러 단계의 공정이 들어가는 제조업이다. 각 단계마다 사람 손에서 시작해 사람 손으로 끝나는 업종이라 해도 과언이 아닐 정도다. 한 공정에서 삐끗해도 생산에 차질이 생기므로 나는 수백 명의 사람들과 원활히 협업하는 것을 제일의 신조로 삼는다.

이직을 할 때도 이 점을 늘 염두에 두어야 한다. 새롭게 연결된 사람과 어떻게 하면 인적 파이프라인을 구축해야 할까 생각해야 한다. 내가 힘들 때, 그분들이 힘들 때 진정으로 도와줄 수 있는 컨디션을 만들어야 한다. '일로 만난 사람들과 어떻게 그렇게 라인을 만들 수 있어?'라고 물을 수 있다. 이는 순수히 자신에게 달려 있다. 내가 어떻게 하느냐에 따라서 일은 쉬워질 수도 있고, 힘들어질 수도 있다.

파이프라인을 구축하기 위해서는 내가 중심이라는 사고로 업무에 임해야 하고, 소통해야 한다. 그들이 필요로 하는 것을 안정적으로 뒷받침해줘야 한다는 것이다. 일례로 현 회사에서 나왔어도 소속된 사람들과 지속적인 연락, 혹은 모임을 주도할 수

있다. 그리고 퇴사한 사람들을 찾아뵙고 정기 모임을 만드는 것
도 방법일 수 있다. 나는 실제로 이렇게 하고 있다. 현업에 있는
분들과 지속적으로 소통하고 있고, 심지어 협력업체분들과도 끊
임없는 소통으로 서로 간 도움을 주고받고 있다. 그리고 퇴사한
직급있는 분들과 소통하며 인생의 선배로서 오랫동안의 노하우
를 전수받고 있다. 소통의 끈을 놓지 않는 것이 내가 사회생활을
하는 데 가장 힘이 될 수 있다는 것을 명심해야 한다.

✐내가 일의 중심에 섰을 때 파이프라인도 만들어진다

인적 파이프라인을 구축할 때 명심해야 할 것이 두 가지 있
다.

첫째, 인적 파이프라인은 나 자신이 중심이 되었을 때 만들어
진다는 것이다. 이는 곧 나 자신이 파이프라인을 만드는 주체가
되어야 한다는 뜻이다. 내가 주체가 되었을 때 나는 더 당당하고
끈끈한 파이프라인을 만들 수 있는 것이다. 내가 잘해야 하고,
내가 당당히 업무를 치고 나가는 것도 내 파이프라인을 만드는
방법 중 하나이다.

자기 일에서 파이프라인을 만든다는 의미는 일을 할 때 나를
중심으로 일의 역할을 정하고, 내가 해야 할 일, 내 주변 사람들
이 해야 할 일을 명확히 인식하며 분류하는 데에서 출발한다는
의미다. 그렇게 일을 명확히 분류하고 나면, 비로소 나의 위치가
보일 것이고, 내 주변 사람들의 위치도 보일 것이다. 그리고 나

면 내가 해야 할 일, 그리고 주변 사람들이 필요로 하고 해결해야 할 일들이 보이게 된다. 그때도 마찬가지로, 내가 일의 중심에 서서 내 역할을 톡톡히 해내야 한다.

그렇게 내가 일의 중심에 서게 되면, 주변 사람들이 일하면서 겪는 어려움이 보이게 되고, 그러면 내가 그들의 어려움을 해결해줄 수 있게 된다. 이렇게 그들의 해결사가 되면, 그들은 고마운 마음으로 나의 든든한 지원군이 되어줄 수 있다. 이렇게 그들의 마음을 '인정'으로써 얻어내야 한다. 그래야만 자신의 인적 파이프라인이 만들어지는 것이다.

둘째, 인간적으로, 업무적으로 합리적이고 깔끔해야 한다.

현 직장에서 어떻게 인식이 되느냐에 따라 이직한 회사에서의 내 위치가 만들어진다. 나의 평가는 내가 이전에 만나고 인연을 맺어왔던 사람들로부터 새로운 사람들에게로 전해지기 때문이다. 전 회사에서 나에 대한 인식이 부정적이었다면, 아마 다음 직장에서도 좋은 평가를 받기는 힘들 것이다. 이전 직장에서 좋은 평판을 받는 일은 어렵지 않다. 안 되는 일이란 절대 없다. 핑계는 편리한 자기 합리화일 뿐이다. 주변을 돌아보라. 과연 나는 직장 동료들을 통해 어떤 영향을 받고 있으며, 나는 주변 동료들에게 어떤 영향을 주고 있는가. 그 부분만 염두에 둔다면 어려운 일은 없다.

╱내 사회생활의 멘토

내가 모셨던 중요한 분 중 한 분. 바로 나를 청바지 세계로 이끌어준 분이다. 지금도 항상 고마움을 가지고 살아가고 있다. 누군가에게 영향을 받는다는 건 거창한 일이 아니다. 내 뇌리를 번쩍이게 하는 영향을 한 번이라도 받았다면 그 일을 계기로 내가 변화될 수 있다. 내게는 바로 이분이 직장 생활을 하면서 긍정의 에너지를 불어넣어 주셨다. 그리고 내가 이직의 신호탄을 쏘아 올릴 때 현실적인 말을 해준 분이다. 갈까 말까를 고민했을 때 가는 것이 맞고, 할까 말까 고민했을 때 하는 것이 맞다는 지식을 주셨다. 그래서 내가 이직을 할 수 있지 않았나 생각된다. 그리고 "안 된다"는 말을 하지 않았다. 되는 방법을 찾았고, 끝까지 해보고 안 되는 것에 대해서는 합리적으로 설명을 해주셨다. 그래서 나는 현재 회사 사람들을 대할 때 항상 '된다, 되게끔 한다'라는 생각을 하고 있다. 그리고 그것을 하기 위해 모든 것을 동원하여 추진한다. 안 될 경우 빠른 의사결정이 가능하도록 신속한 피드백을 하고 있다.

그분이야말로 내 사회생활의 멘토 중 소중한 한 분이자 내가 사회적으로 존경하는 형님이다. 긍정의 에너지와 마인드를 가지게 해주셔서 항상 감사하다.

╱내 조력자들은 내가 만들어가야 한다

나는 앞에서 줄곧 나 자신이 일을 할 때 중심이 되어야 한다고 강조했다. 하지만 중심이 되긴 하되, 어디까지나 조직에 녹아들어가는 중심이 되어야 한다. 그리고 적절한 리더십을 발휘해 조직을 이끌어가야 한다. 내가 팀장이 아닌데 조직을 왜 이끄냐고 반문하는 사람도 있을 수 있다. 하지만 업무를 진행하면서 그 업무의 주체는 나고, 내가 이 업무에 정통하기 때문에 나 자신이 리드해야 한다. 그래서 적정한 주장과 리더십을 발휘하여 주변을 이끌어가야 한다는 것이다.

내가 업무적으로 동료들을 이끌어 갈 수 있다면 바로 내게 주변 사람들을 이끌어갈 수 있는 힘이 생기고, 바이어, 협력업체도 나를 신뢰할 수 있게 된다. 중요한 건 내가 바른 사람, 정통한 사람이 되어야 내 주변 사람, 즉 인적 인프라도 만들어질 수 있다는 것이다.

04 이직, 더 이상 두려워하지 마라

✏ 두려움을 이겨라

한 조직을 떠나 다른 조직으로 간다는 것은 언제나 두려움이 있기 마련이다. 회사뿐만 아니라 인생을 살아가면서 새로움이란 것에 대해 두려움이 존재한다. 익숙한 환경을 떠나 익숙하지 않은 것을 대할 때 주변 및 사람들에게 경계를 하게 된다.

조직 내부에서 적응하다 새로운 곳으로 이동했을 때 우리는 긴장감, 새로운 문화에 대한 이질감, 새로운 사람들로 인해 긴장의 끈을 놓지 못하게 되는 것이 첫 대면, 즉 이직 후 느끼는 감정일 것이다. 우리는 이직을 한다면 새로운 것에 대한 두려움을 내면의 강한 의지로써 이겨 내야 한다. 그리고 현재의 익숙함과 안주함이 더 큰 두려움을 만든다는 것을 명심하라.

✎ 이직의 두려움을 극복하는 4가지 노하우

나는 이직의 두려움을 떨치는 방법으로 4가지를 강조하고 싶다.

첫째, '할 수 있다'를 몸에 익힌다.

이직은 불확실함 속에서 진행된다. 신입 때 수없이 많이 떨어져 본 나로서 해줄 말이 있다면, 바로 이 말이다. "언제 어떤 상황이 내게 닥쳐온다 해도 나는 해낼 수 있고, 할 수 있다. 그리고 반드시 해내고 말 거다. 결국 난 해낸다." 이 말은 어떠한 상황이 발생해도 결국엔 해낼 수 있는 공식이 존재함을 의미한다.

둘째, 작지만 스스로 강한 인정을 하는 습관을 들여라.

학군단과 군대에 있을 때 나는 내가 늘 무엇인가를 해내고 있다고 스스로 인정했다. 사소하고 작은 것일지라도 내가 못한다는 생각을 해본 적이 없었다. "안 되면 되게 하라", "일단 부딪혀 보자", "결론은 다 이루어져 있으리라" 난 이 말들을 항상 되새기며 살았다. 나는 작고, 왜소한 체형이지만, '나는 할 수 없다. 나는 안 된다'고 생각해본 적이 없다. 나는 강하고, 나는 내가 생각하는 것이 맞다고 생각하고 추진했다. '키가 작아서? 내가 힘이 없어서?' 등등 나를 과소평가하는 일은 가급적 하지 않았다. 생각해본 적도 많지 않았던 것 같다. 언제나 당당히 남들 하는 만큼, 남들이 할 수 있다면 나도 충분히 할 수 있다는 무언의 자신감은 100%였던 것 같다. 그래서 나는 당당한 나를 이렇게 지금까지 성장시키고 있는 것이다.

내가 나를 인정하고 믿는 만큼 나를 성장시킬 수 있다. 이직도 마찬가지다. '지금 이때다' 생각했을 때 나는 비로소 이직을 해서도 잘할 수 있는 내적 동기부여가 마련되어 있는 것이다. 나를 인정하고 나의 존재감, 가치를 끌어올리는 습관을 갖도록 하자.

셋째, 시간과의 싸움에서 이겨라.

이직을 준비하는 것은 반드시 인내가 필요하다. 구직을 하는 시간, 서류, 면접 등을 기다리는 시간 등 모든 시간이 길게만 느껴질 것이다. 그리고 서류에서 떨어지고, 또 지원해야 하는 상황은 빈번하게 일어난다. 여기서 중요한 건 절대 조바심을 내서는 안 된다는 것이다. '왜 빨리 발표가 안 날까? 언제 현 직장에 말하고 퇴사 일정을 잡아야 할까?' 등등 지나가는 시간은 참 힘들고 길게만 느껴질 것이다. 가시방석 같고 발표가 기다려지는 순간순간 시간이 지나다 보면 현실의 나에 집중을 못 하게 될 것이다. 겸허한 자세, 기다릴 줄 아는 자세로 서류전형, 면접전형의 과정을 보내야 한다. 이번에 떨어지면 또 다른 회사에 지원하면 되는 거고 열심히 찾으면 되는 것이다. 흘러가고 있는 시간에 충실하고 이 충실함을 내적 동기부여로 만들어야 한다.

넷째, 정보력을 키워라.

자신감만 있다고 이직을 할 수 있는가? 절대 아니다. 내가 어느 정도 알고 있는가에 따라 이직의 성패는 좌우한다. 내가 몸담고 있는 업계정보, 업계 사람들, 채용정보, 사람들의 이직 동향 등 정보를 끊임없이 머릿속에 넣고 있어야 한다. 언제 어떻게 사람이 필요하고 어떤 사람을 원하는지 파악해야 한다. 그냥 '원서 넣고 기다리고, 아는 사람에게 전화해서 물어보고 그러면 되겠지'라는 생각을 버려야 한다.

정보력을 키운다는 의미는 단순하게 생각해서 내가 이루려는 목적이 무엇인지 생각하고 그것에 집중하는 것이다. 그게 바로 정보를 모으는 것이다. 자리가 비었다고 생각하는 순간 업계 레이더망을 돌려 내가 갈 수 있는 자리인지, 어떤 자리인지 파악을 해야 한다. '내가 알고 있으니깐 적당히 넣어 보면 되겠지'라고 생각하면 안 된다. 내가 아는 만큼 사람들은 내가 모르는 것을 알고 있다. 그래서 지속적으로 사람들과 소통하고 서로의 정보를 공유해야 한다. 그리고 내가 원하는 정보를 얻어야 하지만 내 정보를 아낌없이 나눠줘야 한다. 그래야만이 다른 새로운 정보들을 파악할 수 있게 된다. 잊지 마라. 이직은 정보력 싸움이다.

✐어떠한 상황이라도 길이 있다

이직이 막연하고 어렵게 느껴질지 모른다. 하지만 이직을 통해 성장하고 단단해질 수 있다는 점을 명심하라. 세상에 못 하는 일은 없다. 내가 원하는 일만 할 수는 없다. 하지만 어떻게 하면 조금 더 좋은 조건, 조금 더 많은 연봉을 받으며 내 커리어를 키워나갈지 고민해야 한다. 한 직장에서 한 길만 가는 것도 좋지만, 여러 회사, 조직, 상황을 경험하면서 두려움을 깨치고 업계 흐름에 정통할 수 있지 않을까 생각해 봐야 한다. 나와의 싸움에서 이기고, 나를 더 진보하게 만들고 싶다면 지금 당장 호두껍데기를 깨고 세상 밖으로 나와야 한다. 내 길을, 내 커리어를 개척하라.

⌒시간의 끝은 언제나 내 편이다

시간이 지남에 따라 무뎌지는 것이 우리 사람이다. 이 무뎌짐 속에 나의 가치는 빛나고 있는지, 불을 밝히려고 도전하고 있는지 되돌아봐야 한다. 피곤함의 휴식과 귀찮아함의 악마 같은 습관은 이제 버려라. 부지런한 사람이 한 단계 높은 자리, 보다 나은 일자리를 구할 수 있을 것이다.

51% 법칙을 사용하라 05

✐ 마음의 결정 51% 법칙

이직 시 가장 고민되는 건 아마도 갈까 말까 하는 망설임일 것이다. 가도 될까? 이직해도 될까? 지금 회사가 나와 안 맞고 힘든데 퇴사하고 이직할까? 여러 가지 생각이 들 것이다. 여기서 중요한 건 바로 50% 마음이 왔다 갔다 하면 이미 마음이 움직였다는 증거라는 사실이다. 그리고 1%의 마음만 살짝 넘어가면 그때는 생각한 대로 움직이는 게 모든 상황에서 유리하다.

직장 생활을 해봐서 알지만 참을 때까지 참아야 한다. 그리고 극복한 후에도 마음이 잡히지 않는다면 바로 이직 타이밍인 것이다. 이 시기를 놓치고 어중간한 시기에 이직을 원한다고 해서 되지는 않을 것이다. 물론 안 된다는 것은 아니고 시기를 잘 맞춰야 한다는 것이다.

⌒50%+1%의 가능성을 믿어라

도입에서 말한 51% 법칙을 조금 들여다보자. 50%의 마음과 1%의 실행이라고 했다. 그러면 이미 내 마음속에서는 현 회사를 벗어나야겠다는 생각이 절반은 자리 잡고 있는 것이다. 순간순간 이직을 하겠다고 생각이 들 정도라면 과감히 정리하는 게 맞다. 끝까지 버티고 참으며 회생하는 이 노력은 딱 3번이면 족하다. 4번째가 되었을 때 바로 파악해야 한다. 인내와 끈기는 여기까지 하고 새로운 세상을 향해 나아가야 한다.

50% 마음이 생겼다면 망설이지 말고 1% 실행력을 통해 이직을 향해 달려가라. 이직을 해본 사람만이 이직의 이득을 맛볼 수 있다. 하지만 이직을 해보지 않은 사람은 다시 49% 마음에서 4번째 고민을 하며 현 조직에 머물러 있을 것이다. 이직은 절대 흠이 아니다. 내가 어떠한 경력을 쌓았는지 측정 도구가 될 수 있다. 1% 실행력으로 과감히 도전하라.

⌒이직은 종이 한 장 차이로 결정된다

이력서를 통해 사람을 평가한다는 것은 어쩌면 종이 한 장으로 사람을 판가름하는 일이다. 하지만 검토자들도 확신이 서지 않기 때문에 어쩔 수 없는 상황에 이르게 된다. 요즘 보면 면접관들도 자질을 검토한 후 선별한다고 한다. 그만큼 우수한 인재를 뽑겠다는 기업의 취지다.

우리는 여기서 이력서, 경력증명서를 어떻게 잘 써낼 수 있는지를 알아야 한다. 검토자들의 마음을 50% 이상 움직일 수 있는 한 방이 있어야 한다는 것이다. 과연 내게 어떤 잠재력이 있고 그 회사를 위해 어떤 기여를 할 수 있는지, 나는 어떤 핵심 경력이 있는지 파악해야 한다. 내가 이직을 하고자 했다면 내 이력서를 보고 마음을 움직이게끔 해야 한다는 뜻이다.

그래서 이력서를 써 내려가다 보면 자아 성찰을 하게 된다. '내가 이런 일을 했고, 이런 성과를 냈었구나.'라고 말이다. 그리고 작성을 하고 나면 뿌듯해 할 수도 있고, 쓸 말이 없어 창피해지기도 할 것이다.

하지만 걱정하지 마라. 사람마다 달란트는 모두 다르므로 내가 어떤 회사에서 어떻게 쓰일지 아무도 장담할 수가 없기 때문이다. 내가 걸어온 길, 내가 첫 직장에 어떻게 입사를 했는지, 얼마만큼 노력을 해서 입사를 했는지, 얼마나 힘들게 일자리를 찾아 여기까지 오게 되었는지 아무도 모른다. 이것을 함축적 표현으로 잘 가공해야 한다. 나를 표현할 수 있는 몇 가지 단어, 문장과 내가 이룩한 성과의 수치들을 잘 활용한다면 검토자들의 마음을 움직일 수 있을 것이다. 50%의 마음을 돌리고 1%의 핵심문장으로 내게 전화가 오게 해야 한다. 나를 표현할 수 있는 단어, 문장, 내 경력상 성과를 수치로 표현해보기를 바란다.

1%의 핵심 문장을 찾기 위한 방법은 다음과 같다.

- 나를 표현하는 단어 : _____
- 나를 상징하는 문장 : _____
- 내 경력상 성과 내용 및 수치 : _____
  1. 성과 제목 : _____
  2. 목표수치 및 성과를 낸 수치 : _____

✍ 51% 이상의 가치로 무장하라

50%라는 수치가 의미하는 바는 무엇일까? 50%는 딱 절반을 의미한다. 거기서 단 1%만 넘어와도 승리할 수 있는 수치라는 의미다.

나는 승리를 이끄는 그 1%를 발 빠른 실행력이라고 부르고 싶다. 1%를 먼저 실행하다 보면 급속하게 승리하는 %는 늘어갈 것이다. 그 쌓이는 %의 결과는 나의 추진력을 배가시켜줄 것이다. 추진 동력이 식지 않고 이직의 타이밍에 올라탈 수 있도록 탄탄하게 만들어 놓아야 한다. 쌓이는 가치만큼 내 이직의 문은 열려 있을 것이다.

✍ 가능성의 문을 두드려라

모든 사람의 가능성은 열려 있다. 나도 가능성은 희망적이라고 생각한다. 무엇이든 긍정적으로 믿고 도전해야 한다. 그리고 1% 실행력으로 가능성을 실현되게 만들어라. 이직을 한 번도 해보지 않은 분들은 지금도 늦지 않았다. 껍데기를 깨고 세상 밖으로 나와서 나를 평가받는 멋진 세계가 펼쳐질 것이다.

　긍정, 부정의 모든 불확실성이 존재하는 것이 사실이다. 이 또한 내 경험이고 이 경험이 내 커리어 상 도전, 극복을 하며 성장하게 되는 윤활유가 될 것이다. 50%의 마음과 1%의 실행력으로 가능성의 문을 두드려라. 그러면 그 문은 활짝 열릴 것이다.

06 매달 나를 위한 투자를 하라

↗ '나'라는 브랜드에 투자하라

직장 생활을 하면서 얼마만큼 내게 투자했는지 한번 생각해 보라. 나를 성장시키기 위한 시간을 말이다. 나만이 나를 성장시킬 수 있다고 했다. 출퇴근을 반복하면서 과연 회사 업무 외 내가 나의 가치를 상승시키기 위해 어떤 노력을 했는지 생각해봐야 한다. 힘들어서 쉬고 싶고, 누워 있고 싶은 것이 정상이다. 하지만 매일 그렇게 반복된 삶을 산다면 1년은 순식간에 지나가고, 내게 남은 건 1년 동안 쌓인 피로와 스트레스일 것이다. 그리고 성과급이 나올지 안 나올지 고민하며 또 1년이 시작될 것이다.

지금 당장 피곤하다는 핑계로 먹고, 스트레스 풀고, 쉬고 하는 것은 일시적일 수 있다. 이를 한 단계 넘어서야 한다.

✐ 나에 대한 투자는 곧 미래의 자신감으로 연결된다

직장이라는 곳은 현재 내 삶에 있어 꿈을 이뤄 주기 위한 곳일 수 있지만, 절대 미래를 보장해주는 곳은 아니다. 그래서 이직을 통해서 그리고 내 기술을 통해서 직업을 이어나가야 한다.

나는 직장 생활 4년 차 정도에 사회복지자격증을 취득했다. 패션업에 있으면서 전혀 다른 자격을 취득했다는 것이 의아해 보일 수 있다. 하지만 나는 고등학교 시절, 대학교 시절에 길지는 않지만 봉사활동, 동아리를 통해 남을 돌보는 일에 대한 적성과 그쪽 일에 끌리는 성향을 발견했다. 그래서 사회복지 쪽을 택하지 않았나 생각된다. 이 자격으로 나는 학점을 이수했다. 그리고 사회복지사로 일할 수 있는 자격이 주어진 것 대해 감사함을 느끼고 있다. 지금 일자리를 잃더라도 나는 사회복지 기관에서 일을 할 수 있는 자격이 주어졌기 때문이다.

나는 1년 반이라는 시간을 투자해서 무모한 도전이라고 생각했던 일을 해냈고, 전혀 다른 직장에서 제2의 직업을 가질 수 있는 기회를 만들었다. 게으른 내가 이렇게 무엇인가를 만들었다는 것은 나에게도 할 수 있다는 능력이 있다는 것이다. 그리고 이 자격 하나만으로도 자신감이 생겼고, 현재 일에 대해 과감한 돌파가 가능했을 것이라고 생각한다.

만약 이 자격이 없었고 현재 몸 담고 있는 곳에서 있을 수 없는 상황이 되었다면, 더 깊고 숨 가쁜 준비를 해야 하지 않았을까 생각한다. 이직은 기회를 만들어가는 것이다. 그것은 바로 '나'라는 브랜드의 가치를 끌어내고 나에 대한 투자로 성취해야 한다.

또 한 가지, 지금 내가 앉아서 무엇을 하고 있는지 생각해야 한다. 서두에서 말한 것처럼 쉬고 있는 나를 발견하고 있다면 짧고 굵게 쉬고, 내 미래를 위한 일에 투자해야 한다. 현재 지금처럼 나는 글을 쓰고 있다. 시간이 흐르고 있지만, 난 반드시 해낸다는 각오로 지금도 글을 쓰고 지우는 일을 반복하고 있다. 글을 쓰면서 나는 성취감, 행복감을 느낀다. 그래서 이직에 관한 책을 쓰고 있는지도 모른다. 내가 잘해서가 아니라 '잘했고, 잘못한 부분'을 내 후배들에게 알리고 싶은 마음에서다. 이것 또한 나에 대해 투자하는 것이다. 내 목적은 글을 통해 나를 표현하는 것이고 이를 통해 '작가'라는 인생의 목표를 이루기 위함이다. 최종 목적지로는 직장인들이 어려워하고 힘들어하는 부분을 멘토링해 줄 수 있는 멘토가 되는 것이다. 이를 통해 내 직장 생활 15년의 노하우를 쏟아내고 싶다. 내가 이직을 안 해봤다면 이렇게 글을 쓸 수 있었을까? 그렇지 못했을 것이다. 성공도 해봤고 실패도 해봤기 때문에 이 글을 써 내려갈 수 있는 것이다. 사회복지사에 이어 또 하나의 꿈을 가지고 난 살고 있다.

잘 생각해보자. 현 직장 생활에서 얼마나 길게 할 수 있을지. 지금의 나는 무엇을 향해 가고 있는지 말이다. 이직은 준비된 자에게 기회가 주어진다는 점을 꼭 명심하자.

∠ 운동 종목은 한 가지에 집중하라

내가 잘하고 좋아하는 운동은 꼭 한 가지가 있었으면 한다. 만약 없다면 지금이라도 좋다. 이불을 박차고 나가서 열심히 걷고, 뛰는 운동이라도 할 수 있어야 한다. 운동은 사람의 신체와 뇌를 자극해서 꼬여 있던 마음속 스트레스를 날려버리는 역할을 한다. 어떻게 보면 단순 반복적 행동이다. 이는 내 생각과 정신을 단순화시켜서 마음의 안정을 찾는 데 도움을 준다. 복잡한 생각들로 가득 차 있는 것들을 하나, 둘씩 털어내는 역할을 하는 것이 바로 운동이라고 생각한다.

여기서 내가 좋아하는 운동이라면 더더욱 머릿속은 정화되고 깨끗해질 것이다. 그리고 난 후 내 몸은 탄탄한 근력과 탄력으로 보호하게 되고 정신은 새로운 생각과 상황을 받아들일 준비가 된다. 운동을 통해 잡생각들을 비워낸 공간에 신선한 정보와 아이디어들로 채울 수 있게 되는 것이다. 말처럼 행동으로 옮기는 것이 정말 힘들 것이다. 아주 작은 변화를 통해 내가 좋아하고 내가 몸을 움직임으로써 나를 위하는 운동 한 가지를 반드시 실행하기를 바란다.

어려서부터 나는 인라인스케이트를 타고 장거리를 달리는 것을 좋아했다. 극한의 상황에 나를 몰아넣고 스스로를 시험하기를 반복했다. 1년에 계절별로 40km를 3번 이상 달렸다. 총 120km 이상 달리기를 반복했다. 즉 나의 한계를 발견하고 내가 할 수 있는 만큼, 그리고 그 이상의 한계에 도전하는 것이다.

내가 이렇게 한 이유는 나 자신의 체력이 어느 정도 되는지 알고 싶었기 때문이다. 한여름 땡볕에 달리기를 했고, 한겨울 추울 때도 내가 가진 체력을 스스로 테스트했다. 40km를 완주했을 때의 기분이 아직도 생각난다. 나는 아직 건강하고 충분히 해낼 수 있는 체력과 정신력이 있다는 것을 스스로 증명했다. 꾸준한 달리기, 그리고 쏟아지는 햇빛과 바람소리, 이 모든 것이 내가 좋아하는 운동을 통해 얻을 수 있는 값진 선물이기 때문이다.

누구나 자신이 좋아하고 스스로 자존감을 상승시키는 한 가지가 있을 것이다. 난 강력히 운동을 통해 할 것을 추천한다. 그리고 직장, 가족 모두를 떠나 내가 운동을 집중할 수 있는 시간을 만들어라. 그때만큼은 다 잊고 나를 위해 투자한다고 생각하라.

이때 중요한 것 하나. 그 시간만큼은 휴대폰을 멀리하고 단절해라. 오로지 나를 위해 나만의 시간을 가지고 내 몸과 대화를 하며, 정신력을 강하게 만들어라. 어떤 운동이든 상관이 없다. 내가 정말 이 운동을 했을 때 몸과 마음이 반응하여 나를 즐겁게 만드는지 확인해보라.

⟋지인을 만나는 일을 청하라

지인을 만나고 인사하는 일은 내 체력을 만드는 것만큼 중요하다. 사회생활을 하면서 지인은 정말 많이 생기고 없어질 것이다. 지인을 만난다는 것은 내가 당신을 생각하고 있고, 당신은 내게 소중한 사람이라는 인식을 심어 줄 수 있다. 필요할 때 연락하고 찾는 일이 더 많겠지만, 내가 정말 소중하고 연락을 유지해야 하는 사람들에겐 평소에 자주 찾아가고 인사를 해야 한다.

'왜 내가 해야 해?', '나를 찾아주는 사람은 없나?'라고 생각하고 있다면 오산이다. 내가 먼저 다가가야 한다. 잊고 연락하지 못한 사람은 없는지, 내가 도움을 받았는데 감사의 표현을 안 한 사람은 없는지 등 목록을 만들어 지금이라도 늦지 않았으니 연락하고 안부의 인사를 건네야 한다.

이건 나라는 브랜드를 마케팅하는 방법이다. 또한 상대에게 '나는 당신을 생각하고 있습니다'라는 인식을 머릿속에 심어주는 일이다. 사람은 언제 어느 때 도움이 필요하고 도움을 줄 수 있을지 모른다. 그러니 지금부터라도 내가 만날 지인 목록을 만들고 실행에 옮겨라. 선·후배, 친구, 내 주변 사람들의 나이, 직업, 사는 지역까지 인적 인프라 지도를 만들고 주기적으로 연락하며 만날 리스트를 만들자.

나는 리스트를 다음과 같이 정리해서 실천한다.

1. 내 주변 사람들 리스트 작성하기
2. 주 단위로 연락할 사람, 만날 사람 정하기
3. 실행 결과 피드백 : 실제로 만난 사람들을 표시하기

매달 나를 성장시키기 위한 프로젝트를 하라

나 자신을 성장시키고 지인에게 나를 브랜딩하기 위해서는 철저한 '나 관리'가 필요하다. 일도 해야 하고, 건강도 지키고, 지인도 만나야 한다. 그리고 기혼자는 가족도 돌봐야 한다.

이 모든 것을 하기 위해서는 정말 치밀한 설계가 필요하다. 이 모든 것이 부담된다고 하면 끝도 없이 추락할 것이다. 이 모든 것을 치밀하게 설계하고 '나'라는 브랜드를 완성시켜야 한다. 그리고 우리는 한 회사에서만 머무를 것이 아니라 타 회사로 이직을 통해 나를 드러내 보여야 한다. 이 목적을 달성하기 위해서는 힘들더라도 실천해야 한다. 나를 최상으로 관리하는 자만이 내 미래를 설계할 수 있고, 이직도 순탄히 할 수 있다.

다시 한번 강조하지만, 평생 동안 일하는 시간이 얼마인지 생각해보라. 공부한 시간보다 짧을 수 있다. 시간을 헛되이 보내지 말고, 지금 이 순간 나를 최상의 컨디션으로 만들기 위해 매진하라.

4장

이직 성공
노하우

능력 있다고 이직이
쉬운 건 아니다 **01**

↱ 능력은 이직의 기본

직장 업무에 관한 실무 지식을 나 자신이 얼마나 갖추고 있는 지 스스로 평가할 수 있는가? 이에 대해 자신 있게 대답할 사람 은 거의 없을 것이다. 15년 이상 직장 생활을 해본 경험 상 업무 능력은 연차별로 능력치가 나뉜다. 연차에 맞게끔 지식이 습득 되어 있는지, 연차가 찼는데 지식수준이 조금 부족한지 등을 파 악할 수 있다. 이 부분에 대해서 스스로 판단해 보기를 바란다. 현재 내 업무 지식을 타 회사에서 적용할 수 있을지, 당당하게 업무를 꿰차고 앞으로 나갈 수 있는지를 말이다.

스스로 내리는 판단은 어디까지나 주관적인 것일 뿐, 객관적 인 지표가 될 수 없다. 그러나 나 자신을 실무 지식, 직장 예절, 주변인의 평가 등의 분야로 나누어 제3자의 눈으로 들여다볼 필요는 있다.

✐평판을 내게 유리하게 하라 : 언행에 예의를 갖춰라

이직을 할 때 업무 능력은 기본이 되어야 한다. 그리고 중요한 건 나라는 사람의 인성, 평판이다. 업무 능력이 출중하다고 해서, 기본이 되어 있다고 해서 나를 절대 채용하지 않는다. 어느 회사나 이전 직장, 혹은 관계된 사람에게 나라는 사람의 '평판 조회'가 진행된다. 사람들이 나를 어떻게 평가할지에 따라 이직의 성패가 좌우될 수 있다.

나는 이직할 능력도 되고, 평판도 좋아서 잘될 것이라는 자신감이 있는 것은 좋은 현상이다. 하지만 내가 나를 생각하는 것만큼 다른 사람은 나를 그렇게 생각하지 않을 수도 있다. 내가 한 언행이 아무렇지 않다고 생각해도 다른 사람은 절대 나같이 생각하지 않기 때문이다. 그래서 언제 누구와 있더라도 말과 행동은 항상 조심해야 한다. 내가 나를 생각하듯, 남도 나를 그렇게 생각한다는 안일한 사고는 버려야 한다. 사회생활은 긴장과 긴장의 연속이라고 생각해야 한다.

물에 잉크 한 방울을 떨어트려 보라. 파장을 일으키며 순식간에 잉크가 물에 퍼지는 것을 볼 수 있다. 그만큼 내 말은 다른 사람과 또 다른 사람의 귀로 퍼지게 되어 있다. 내 생각이 옳다고 하더라도 머릿속 생각을 하되 말로는 중도의 입장을 취해야 한다는 것이다. 말 한마디가 내 평판의 화살이 되어 되돌아올 수 있다. 순간의 실수가 향후 내 직장 생활의 병목이 되지 않게 해야 한다.

↗ 업무 지식을 지식으로 시스템화라

업무를 통해 쌓은 지식은 내가 앞으로 살아가는 데 핵심 지식이 될 것이다. 나는 첫 직장에서 습득한 지식이 15년이 지난 지금에도 내게 거름이 되어주고 있다. 아직도 많이 부족함을 느끼고 있다. 그래서 더 알고 싶고, 더 연구하고 싶고 더 효율적으로 일하는 방법을 연구하고 있다. 여기서 중요한 것 하나는 바로 지식을 기록하고 시스템화해야 한다는 사실이다. 생각만 하고 머릿속에 있다고 지식이 아니다. 기록하고 정리하고 축적해야 한다.

그렇다고 현 직장의 업무 시스템을 빼내라는 것이 아니다. 내가 했고, 내가 이룩한 성과에 대해 다시 한번 기록하고 정리해야 한다는 것이다. 그리고 시스템화하라는 것은 15년간 쌓은 지식을 타 회사에서 적용했을 때 그 누구보다 속도를 내고 빠른 적응력으로 업무를 치고 나갈 수 있을 만큼의 지식을 쌓으라는 것이다. 더불어 이를 하나하나 연결하여 내가 써먹을 수 있도록 능수능란하게 되어야 한다.

↗ 이직은 돌파다

업무 능력, 인적 인프라, 건강 모두 가장 기본적인 것들이다.

이를 함축적 하나로 모아 내공으로 만들어야 한다. 뿌리부터 탄탄하게 내적으로 강해져야 한다는 것이다. 실무도 부족하고 의사소통력도 부족하고 조직 장악력도 부족하다고 생각된다면 이직을 한다 해도 강단 있고 주도적으로 일을 추진할 수 없게 된다. 그래서 나를 먼저 이기고 모든 면에서 돌파해야 이직을 성공시키기 위한 주도성이 갖춰지게 된다.

나도 스스로 이직을 통해 현재 내가 처한 상황을 돌파하고 있다고 생각한다. 그러기 위해서는 이직을 통해 얻을 수 있는 것들을 반드시 정리해야 한다. 기간이 짧은 경력이라도 그 기간 동안 내가 이루어낸 일들에 대해 잘 정리할 필요가 있다. 그리고 그것을 타 회사로 옮길 때 경쟁력으로 포장해야 한다. 경력이 짧더라도 내가 해낸 성과를 당당히 말해야 한다. 일한 기간이 짧다고 해서 그 사람의 능력, 사회성을 안 좋게 판단해서는 안 된다. 다 그럴 만한 이유가 사람마다 다르기 때문이다. 필요로 하고 원한다면 그 사람은 채용되게 되어 있다. 그러니 내가 가진 지식을 하나하나 모아서 하나의 장점 덩어리로 만들어라. 그리고 그것을 통해 타 회사의 문을 돌파하기를 바란다.

⌒자만심을 버려라

능력, 경력, 인성 모두 난 괜찮다는 생각을 버려라. 항상 상대방의 눈높이에서 보려고 노력하라. 내가 자만한 순간 남은 그 위에서 나를 내려보게 되어 있고, 나를 너무 낮추는 순간 상대방은 나를 더 낮추려 할 것이다. 이직은 현재 나의 위치, 평판, 업무 능력 모두를 보고 채용 여부가 결정되는 시장이다. 내가 지금 어떻게 행동하느냐에 따라 내 다음 직장이 나를 부를지, 안 부를지 판단의 척도가 된다. 항상 평정심을 유지하고, 많이 알고 있어도 아는 체하지 말고, 몰라도 너무 모른다고 말하지 말아라. 내가 "나의 장점은 이것이다"라고 명확히 말할 수 있는 언어의 합리성을 찾아라. 그리고 돋보이려 하지 않아도 돋보일 수밖에 없는 말과 눈빛으로 상대방, 즉 나를 보고 있는 면접관과 이직할 회사의 경영자를 압도하기를 바란다.

02 나를 정확히 진단하고 시장에 내 몸을 던져라

↗읽는 것과 실천은 다르다

이번 글에서는 나를 진단하고 회사를 찾아보는 시간을 가지려고 한다. 앞에서 말한 모든 것을 함축적으로 표현하기 위해서는 명확한 글과 수치를 가지고 짚고 넘어가야 한다. 앞에서 말한 것들을 읽기만 한다고 해서 저절로 도움이 되지는 않는다. 생각하고 적어보고 분석하고 도전해야 한다.

↗과거의 이력을 떠올려보자

이직 진단 프로그램을 통해 현재 내 위치 내가 걸어온 길을 되짚어보자. 짧은 경력이라도 상관없다. 앞으로 경력을 만들어가면 되기 때문이다. 그리고 적을 게 없다고 머뭇거리지 마라. 생각을 안 해서 그렇지 적을 말들은 무궁무진할 것이다.

머릿속에 자신의 과거 이력을 떠올려보라. 우리는 대학교 시절 취업 준비로 바쁜 날들을 보냈다. 그리고 자격증, 졸업시험, 영어시험 등으로 분주했다. 이에 더해 취업을 하기 위해 공고문을 찾고 있고, 이력서를 작성했다. 이렇게 취업을 하고 회사원이 되어 현재 직장인으로 살아가고 있다. 이처럼 머릿속에 스쳐 가는 일들을 자연스럽게 떠올려보자.

내 이력을 소개하고자 한다. 나는 군대에 있을 때 취업을 준비했다. 장교로 복무했었기에 퇴근 후 취업 준비를 할 수 있었다. 전역하기 전 합격하는 게 목표였다. 그래서 넣을 수 있는 모든 기업에 원서를 넣기를 반복했다. 그래서 한 군데 서류를 통과했고 면접을 보는 단계까지 왔다. 1차 면접은 현장 면접이라고 해서 내가 복무하는 군대에 면접관이 직접 찾아와서 면접을 진행했다. 그 회사의 획기적인 발상이었다. 회사는 나를 면접하고 나서 부대 간부들을 대상으로 나에 대한 평판 면접을 진행한 후 나를 합격시켰다. 이후에도 적성, 인성검사, 최종면접을 통과하여 직장 생활을 시작하게 되었다. 그리고 지금까지 패션업에서 한 길을 걸어가고 있다.

✐이력을 기록하는 4단계 프로세스

이처럼, 자신의 이력을 내가 하는 방식대로 간단하게 정리해보자. 이렇게 글로 표현을 하고 내가 걸어온 길을 간단하게나마 적으면 머릿속도 정리가 되고 내가 어떤 길을 앞으로 걸어가야 할지 방향을 잡을 수 있게 된다.

이력을 정리하는 방법은 다음과 같다. 자신이 첫 직장에 들어가기 위해 준비한 시간에서 출발해 현재 지금 이 순간까지 기록하는 것이다.

1. 대학 시절 내 전공은? 최종 학점은?

2. 취업 준비
- 취업을 위해 어떤 준비를 했는가?
- 내가 취득한 자격증은 무엇이 있는가?
- 취업을 위해 내가 최고로 집중한 일은?
- 이력서를 첫 작성했을 때 어떤 기분이었나?
- 목표로 하는 회사는?
- 입사원서를 몇 번 넣었는가?

3. 첫 직장
- 첫 직장에 입사했을 때 내 마음은 어떠했는가?
- 첫 직장에서 어떤 일을 했는가?
- 어떤 사람들 만나고 같이 일했는가?
- 첫 직장에서 첫 월급을 받았을 때 기분은?
- 첫 직장에서 첫 승진의 기분은?
- 내가 이룩한 멋진 성과는?

- 많이 이야기하고 마음을 나눈 동료는?
- 가장 힘들었던 일은?
- 가장 싫었던 상사는?
- 내가 실수했던 일 중 하나는?

4. 이직 후
- 첫 이직 시 어떤 점이 불안했는가?
- 이직 준비를 어떻게 했는가?
- 이직을 한 후 어떤 일을 했는가?
- 어떤 사람들을 새롭게 만났는가?
- 어떤 성과를 만들었는가?
- 이직 후 내게 변화된 것 3가지는?
- 이직 후 가장 힘들었던 점은?

이렇게 첫 직장에서부터 현재까지 내가 걸어온 길을 곰곰이 생각해봐야 한다. 과거의 도전, 영광과 실패를 떠올려 봐야 한다. 그래야 나의 역사와 미래를 재점검할 수 있기 때문이다. '난 이런 사람이었고, 이제껏 이렇게 멋지게 살고 있다.'라는 자신감을 가져야 한다. 그리고 다음을 위한 미래설계를 하자. 우리의 목표는 현 회사를 떠나 멋지게 이직하는 것이 목표이기 때문이다.

내 직무의 업종과 회사를 분석하라

나의 과거를 파악했다면 이젠 내가 하고 있는 업무, 그리고 현 회사, 옮기고 싶은 회사를 분석해야 한다. 현재 내가 어떤 일을 하고 있는지, 내 업종의 사람들은 어떻게 회사에 적응하고 어떤 일을 통해 성장하고 있는지 분석해야 한다. 그리고 내가 가고자 하는 방향의 회사들의 리스트를 적고 그 회사들이 원하는 인재, 원하는 직급, 원하는 경력을 상시 확인해야 한다. 이젠 내가 맞고 있는 업무, 업종에 대해 내가 이룩한 성과를 적어보도록 하자.

질문은 다음과 같이 정리할 수 있다.

1. 현 회사에서 내가 맡고 있는 직무는?
2. 현 회사에서 나의 강점은?
3. 현 회사에서 내가 이룩한 성과 3가지는?
4. 내가 회사에 기여한 프로젝트는?
5. 현 회사의 만족도는?
6. 현 회사의 앞으로 전망은?
7. 현재 내가 다니고 있는 연수는?
8. 이직을 하고 싶은 시점은?

현재 내가 현재 다니고 있는 회사에서 내 직무, 내 성과를 파악했다면, 내가 앞으로 찾아야 할 회사, 목표로 하는 회사를 파악해야 한다. 회사를 볼 때 가장 중요한 건 회사의 전망, 비전일 것이다. 하지만 외부에서 회사를 파악하기는 쉽지 않다. 그래서 외형적 수치와 더불어 내부적 상황도 인적 인프라를 통해 파악해야 한다. 그렇다면 내가 목표로 하는 회사를 어떻게 리스트화해야 하는지 알아보자.

1. 목표로 하는 회사의 리스트를 적는다.
2. 동종업계 회사들의 내 인적 인프라를 적는다.
3. 회사의 재무제표 확인하기. 재무제표가 어려우면 매출, 영업이익을 확인해도 좋다. 분기가 끝날 때쯤 지표는 온라인을 통해 노출된다. 온라인 노출이 힘들면 취업 사이트 혹은 유료 사이트를 통해 파악할 수 있다.
3. 회사의 재무 건전성 혹은 앞으로 전망에 대한 기사를 찾아본다.
4. 회사를 평가하는 앱을 통해 회사에 대한 내부적 분위기를 파악한다.
5. 내가 갈 수 있는 회사의 적합부서가 있는지 확인한다.
6. 채용 공고를 하고 있는지 수시로 확인한다.
7. 동종업계의 흥망성쇠도 파악해두자.

↗ '나'라는 브랜드를 시장에 내놓고 마케팅하라

내 히스토리를 통해 나를 파악하고 현 직장에서 어떤 성과를 내고 있는지 확인해야 한다. 그리고 이 성과를 바탕으로 이직을 해야만 한다. 내가 미약하더라도 나를 원하는 회사는 반드시 있다. 그래서 외부적 레이다망을 상시 가동해야 하는 것이다.

머릿속에만 있는 것은 며칠이 지나면 잊어버릴 수 있다. 이력서를 매번 쓰기에는 어려움이 있기에 수시로 나를 점검하듯 위에서 나열한 내용에 대해 고민하고 적어보기 바란다. 나에게 질문하고 대답하며 나를 파악하란 말이다. 그리고 내게 점수를 매겨라. 그리고 나를 평가해라. 그리고 내가 성공, 실패한 사례를 기록으로 남겨라. 이는 후배들에게 알려줄 소중한 지식이 될 것이다.

강력한 한 문장이 나의 모습을 대변한다. 강력한 한 문장으로 상대방이 한 번에 이해할 수 있게 하려면 어떻게 해야 할지 생각해보자. 내가 어떤 상황 직장, 직무를 맡고 있더라도 나는 현 회사에서 필요한 사람이다. 어떤 필요에 의해 내가 현재 일을 하고 있고, 회사가 나를 통해 어떤 성과를 내고 싶은지 파악하자.

"나는 0000 업무를 통해 현 회사에 고용되어 있고, 회사는 나를 통해 0000 성과를 만들고 싶어 한다." 이 부분이 명확해질 때 나는 현 회사에 더 충성하게 되고 성과를 낼 수 있는 사람으로 거듭날 것이다. 회사는 주인 의식을 가지라고 하지만 절대 내 것이 아니다. 어떻게 보면 남의 것이다. 남의 것을 소홀히 하면 범죄가 된다. 하지만 내 것을 좀 소홀히 하면 그건 스스로 극복할 수 있는 계기가 된다. 그러니 남의 것을 제대로 해야 남에게 보수를 받을 수 있다. 일하지도 않고 그냥 회사만 다닌다면 월급 받는 것에 대해 부끄러워해야 한다.

"나는 반드시 당신네 회사에 이익을 가져다줄 것이고, 나는 그에 대한 합당한 월급, 상여금을 받을 것입니다. 비록 성과가 나지 못하더라도 나는 OOO라는 기여를 했고, 이를 꼭 인정받을 것입니다." 이렇게 항상 생각하고 현업에 임하자. 이렇게 성과와 기여를 한 사람만이 이직 시 더 유리할 수 있기 때문이다.

03 짧은 경력이라도 두려워하지 마라

⌒경쟁력은 재직 기간과 비례할까?

이직을 원하는가? 그런데 짧은 경력이라서 힘들다고 생각하는가? 절대 그렇지 않다. 이력을 잘 만들고 나를 마케팅할 수 있는 자신감이 있다면 짧은 이력도 충분히 경쟁력이 있다. 경력관리를 위한 짧은 경력의 기준을 알고 어떻게 이직에 적용할 수 있는지 알아보자.

⌒짧은 경력을 대처하는 방법

이직한 회사가 내게 안 맞을 수도 있다고 생각된다면 과감히 나와야 한다. 생각했던 직무, 업무가 맞는지, 내가 현 회사에 맞춰서 일할 수 있는지를 미리 판단할 수 있을 것이다. 그리고 신중하고 빠르게 결정해야 한다. 그래야만 내 경력관리를 잘할 수 있다.

모든 판단은 스스로 하는 거다. 남의 조언을 듣고 움직일 수도 있지만, 결정은 스스로 하는 것이기에 절대 후회 없는 판단을 해야 한다. 아무리 인지도 있는 회사라도 개개인에게는 맞지 않을 수 있다. 사람과 사람 사이에 궁합이 있듯이, 회사와 사람 사이에도 미묘한 맞춤이 존재한다고 생각한다.

그리고 회사와 인연이 맞아서 오래 지속될 수도 있지만, 인연이 아니라고 생각되면 1년, 아니 더 짧은 기간 동안만 인연을 맺을 뿐이다. 짧다면 인연이 아닐 것이고, 길다면 회사와 내가 만날 운명이었던 것이다. 그래서 짧은 경력을 이어가더라도 절대 잘못되거나 불이익이 되거나 걱정할 필요가 없다는 것이다. 다 사연이 있고, 사유가 있어서지, 내가 뒤처지고 못해서가 아니라는 것을 명심할 필요가 있다.

✐ 3년은 버텨라

짧은 경력을 어떤 기준으로 산정해야 할까? 여기서 짧은 경력은 1~2년이라고 본다. 1~2년은 그 회사의 지식과 문화를 습득하는 데 최소한의 시간이라고 본다. 3년 차 정도는 되어야 그 회사에서 일을 했었다고 자신 있게 말할 수 있다고 생각한다. 그래서 3년은 무슨 일이 있어도 버티고 4년 차부터는 이직을 통해 업그레이드해야 한다.

한 회사를 오랫동안 다닌다면 더할 나위 없이 좋을 수도 있고, 그렇지 않을 수도 있다. 회사 생활이 참 어렵다고 생각되는 건 우리 직장인들의 99%에게 직장이란 생계를 위한 것이기 때문이다. 10년을 다녀도 연봉이 제자리인 사람이 있는 방면, 승승장구하며 연봉을 높여가는 사람도 있다. 직종, 업무에 따라 개개인 모두가 다르기 때문에 어느 하나 잘하고, 좋다고 할 수 없다.

우리는 직장 생활을 하는 동안에 어떤 가치로써 경력을 만들어 가는지 잘 판단해야 한다. 경력관리는 나를 어떻게 포장하느냐에 달렸고, 잠깐을 있었던 회사라도 내가 어떤 쓰임이 있었고, 어떤 기여를 했는지에 따라 내 경력은 빛을 발하게 될 것이다.

1년? 3년? 그 어떤 숫자를 의미하든 나는 내가 버티고 버틸 수 있는 직장에서 살아남아야 한다. 절대 지는 싸움을 하지 말고, 이기는 싸움을 통해 나의 경력관리를 하자.

짧은 경력의 사례

너무 짧은 이력은 되도록 삼가는 것이 좋다. 자의든 타의든 어떻게든 버텨보라고 하고 싶다. 타의에 의해 이직을 하게 된다면 어쩔 수 없다. 하지만 자의에 의해 이직을 준비하고 있다면 위에서 말한 3년이 시간을 지켜주기를 바란다. 업무에 능통한 것도 중요하지만 얼마만큼 조직에 적응하고 동화되어 가는 하는 것도 사람을 평가하는 한 가지 척도가 되기 때문이다.

그러니 적어도 3년의 시간을 어떻게든 버티는 모습을 보여주고, 그리고 나서 다음을 준비하라. 나는 자의적, 타의적 이직을 모두 경험하였다. 자의적으로는 내가 우물 안 개구리가 되기 싫어서 회사를 박차고 나갔다. 그리고 타의적으로는 회사부서가 없어지는 상황이 발생된 점, 회사의 법인이 갑자기 없어진 점 등 짧은 경력을 가지게 된 여러 사례들이 있다.

첫 번째 사례는 자의적 퇴사로, 길게 근무했고 핵심 지식을 가지고 경력을 쌓아서 이직한 경우다

한 회사에서 8년 정도 근무한 적이 있다. 이때는 신입 때부터 몸담은 회사로 내가 현재 살아가는 데 밑바탕이 되는 핵심 이력이다. 하지만 8년의 시간은 나를 구속하는 듯 보였고, 해외로 발령이 나는 상황에서 난 과감히 이직을 선택했다.

이직을 고민했을 때 나는 수많은 선배의 조언을 구했다. 고민 끝에 이직을 실행하게 되었다. 부서에서 내가 나가는 것에 미안하고 죄송스러운 마음이 들었다. 그리고 회사 부서장님께 편지를 한 통 쓰고 퇴사의 결심을 알렸다. 그래서 편지를 전해 드리고 10일간의 출장을 다녀온 후 부서장님과 면담을 했다. 내 정황을 설명드린 후 해주신 말씀이 아직도 기억난다. "자네가 선택한 길에 대해서는 자네가 책임지는 거다. 앞으로 계획을 말해주지

않으면 보낼 수 없다. 선배라고 생각을 하고 터놓고 말을 해봐라"라고 하셨다. 그래서 내 현재 상황, 앞으로 갈 회사에 대해 말씀드렸다. 그랬더니 앞으로 갈 회사에 대한 비전이 좋으니 가서 잘해보라고 답해주셨다. 그래서 나는 껍데기를 깨고 나오듯이 새로운 기분으로 다음 회사로 이직을 하게 되었다. 자의적으로 내 길을 내가 선택한 경우다. 갈등과 고민이 많았던 대리급 시간이 지금의 선택에 대한 후회 없는 삶을 이어가게 해주고 있다.

두 번째 사례는 타의적 퇴사로, 짧지면 그럴 수밖에 없는 상황이 발생해 이직한 경우다.

• 법인 파산신청으로 인한 퇴사

국내 중국 회사에서 일할 수 있는 기회가 주어졌다. 현재 회사에서 보다 좋은 조건, 좋은 환경에서 일을 할 수 있었고, 추후 중국 쪽으로 진출을 할 수 있기를 기대했다. 내가 맡는 업무는 한국 생산 파트장이었다. 하지만 4개월 정도 일을 진행하는 가운데, 청천벽력 같은 전달을 받았다. 중국 본사의 통보는 바로 한국법인 폐쇄였다. 이는 내가 더 다니고 싶어도 다닐 수 없는 상황이 되어버린 것이다. 그래서 중국회사를 다닌 지 4개월 만에 나는 이직을 하게 되었다. 이때의 이직은 정말 순식간에 이뤄졌고 생계를 위한 이직이 시작된 계기가 되었다.

• 회사 정책상 부서 통폐합으로 인한 퇴사

또 한 가지 사례로는 회사의 정책으로 부서가 없어지고 인원이 통합되는 일이 있었다. 부서장부터 퇴사를 하고 팀원이 다른 부서로 흡수되는 일을 겪었다. 이때 상황을 직시하고 바로 이직을 했어야 했는데, 막연한 기대로 회사에 남아 일을 지속했었다. 이때 조금 빠른 의사결정으로 이직을 했어야 했는데 아쉬움이 남는다. 부서가 없어진다는 것을 미리 알았더라면, 더 일찍 이직했을 것이다.

불확실성을 확고한 마음가짐으로 대비하라

이렇듯 직장은 환경과 상황에 따라 정말 빠르게 변한다. 그리고 언제 내 자리가 없어질지 모르는 것이다. 변화를 인지하고 정황상 변한다는 것을 인지했다면, 미리 움직일 준비를 하고 이직을 대비해야 한다. 가만히 있다가 없어지는 부서에 남아 있을 이유가 없지 않은가? 내가 쓰임이 어느 정도까지인지, 내가 어느정도 회사에 기여를 할 수 있는 힘이 남아 있는지 틈틈히 점검을 해야 한다.

지금 내가 몸 담고 있는 회사는 어떠한가? 그냥 매일매일 반복된 일상이라고 생각되겠지만, 회사는 매 순간 역할을 해주기를 바란다. 그 역할을 하지 못한다고 판단됐을 때 회사는 과감한 칼을 휘두를 수 있다. 여기서 중요한 건 자의든 타의든 회사를 옮길 수 있겠지만, 내 쓰임이 어느 정도 효율이 나게끔 해야 한다는 것이다. 그리고 내가 회사를 선택했지만, 내가 회사를 선택해서 기여를 해줄 수 있는지 역으로 판단하고 움직여야 한다는 뜻이다. 경력관리? 이건 오로지 나만이 할 수 있다. 보다 값진 경력관리를 통해 이직에 성공하자.

짧은 경력의 핵심 강점을 마케팅하라

직장경력이 나의 미래를 보장해주지 않는다. 그래서 경력이 짧더라도 위축되면 절대 안 된다. '많이 옮겨 다녀서 이직이 힘들지 않을까?'라는 생각을 버려라. 나의 달란트는 존재하고, 내 강점은 내가 표현을 할 때 드러나게 되어 있다.

짧게 일했던 회사에서 담당했던 소소한 일이라도 내겐 커다란 성과가 될 수 있다. 우선적으로 이력서나 경력기술서를 쓸 때 이를 잘 표현하고 한 문장으로 압축하여 제시해라. 내가 앞으로도 잘할 수 있는 일이라는 것을 보여줘야 한다.

한 직장에서 롱런하는 것도 좋긴 하겠지만, 여러 회사를 경험해봄으로써 주변인들을 더 많이 만나고 소통할 수 있다는 것이 도움이 된다고 생각한다. 내 핵심 강점을 살려서 한 회사에 도움이 되고 기여를 할 수 있다면 언제든지 옮겨도 좋다. 지식과 경험으로 무장된 능력을 내 핵심 강점으로 만들라는 것이다. 세상에 상위 3% 이내를 제외하고 정말 유능하거나 똑똑해서 이직을 하는 것이 아니다. 나라는 사람의 강점을 보고 사용하여 기업에 이익을 위한 사람으로 쓰여지기를 바라는 것이다.

　나의 핵심 강점을 각 회사마다 어떻게 살려냈는지 잘 파악하라. 그리고 핵심 한 문장으로 나를 강하게 표현해라. 장점은 극대화시키고 잘 못하는 부분은 장점을 보완하는 것으로 승화시켜야 한다.

04 내가 가진 콘텐츠를 활용할 수 있는 곳으로 옮겨라

⌒나를 알아야 백컨백승

이직을 할 때 가장 중요한 건 나를 심도 있게 알아야 한다는 사실이다. 내게 어떤 장점이 있기에 이렇게 회사를 다닐 수 있는 지 말이다. 시내를 걸어 다니다 보면 젊은 회사원들로 생기 넘치는 모습을 볼 수 있다. 과연 그들이 얼마나 회사를 다니고, 또 이 직을 하게 될 것이며 어떤 마음으로 회사를 다니고 있는지 알고 싶을 때가 있다. 지금은 웃고, 떠들고 멋지게 회사 생활을 하고 있지만 언제 어떻게 될지 아무도 모르는 것이다. 그들 내면에 생 각하고 또한 준비하는 그 무엇인가를 알고 싶어진다. 과연 어떤 가치를 지닌 채 회사에 다니고 있을까 말이다.

회사가 내게 기대하는 것이 무엇일까? 그리고 이와는 별개로

한 직장에서만이 아닌, 이직을 통해서 나의 가치를 높여야 한다. 지금 당장 힘든 내 모습이 보이는가? 힘들어 쉬고 싶어지는 나를 발견하였다면 다행이다. 이를 극복해야 한다는 도전이 생기기 때문이다. 어떤 점을 극복해야 할지 알아야 한다. 회사 생활? 어렵지 않다. 어떻게 해서든지 우리는 살아가야 할 방법이 있기 때문이다. 이는 나만이 알고 있고, 내가 할 수 있는 일이기 때문이다. 나는 강한 사람이고 나는 어떤 역경에서도 싸워 이길 수 있는 힘이 있다. 나를 알고 상대의 허를 찌르는 과제를 시작해보자.

↗내가 장착한 콘텐츠로 이직을 돌파하라

직장 생활을 성공적으로 하려면 세상과 싸워 이길 무기가 있어야 한다. 과연 내가 가진 콘텐츠, 무기가 무엇이 있는지 생각해보자. 같은 업무, 같은 일이라도 사람마다 가지고 있는 지식은 다르다. 일하는 방식, 일을 처리하는 방법, 소통하는 방법, 회사 상하 관계를 대하는 방법 등 모든 것이 같을 수 없다는 것이다. 그래서 나는 나만의 방식으로 내 콘텐츠를 구축해야 한다. 내가 가장 효율을 발휘할 수 있는 업무 방식이 한 가지 정도는 있다. 이는 실무에서 내가 빛나는 사람이 되어야 한다는 의미다. 따라서 평소에 나는 어떻게 회사에서 업무를 수행하는지 생각해볼 필요가 있다.

• 빠르고, 정확하게 업무를 처리하는 능력

내가 몸담았던 회사에서 어떤 일을 했고, 이 일을 통해 성과를 낸 일이 있다면 이를 잘 포장해야 한다. 마케팅의 핵심은 바로 언어로 상대방의 호기심을 자극하는 것이다. 처음에 서류만으로 첫 번째 시험을 통과해야 하기 때문이다. 내가 상대방을 평가한다고 생각해보라. 거창한 말, 언어의 유희를 보려고 이력서를 보지는 않을 것이다. 이 사람의 핵심이 무엇인지, 어떤 점이 우리 회사에 맞을지를 가장 먼저 볼 것이다. 그러면 나는 이를 역으로 사용해야 한다. 내가 가진 콘텐츠가 가장 잘 보이게 해야 한다는 것이다. 바로 나를 표현하는 콘텐츠의 핵심단어들이다. 내 업무에서 가장 중요한 것이 무엇인지, 나는 내 업무를 어떻게 해내고 어떤 성과를 냈는지를 마케팅해야 한다는 것이다.

CF 광고는 15~20초 이내에 이뤄진다. 이 짧은 시간 그 제품에 대해 모든 것을 함축적으로 설명해주어야 한다. 짧다고 생각되지만 광고를 보는 우리는 그 제품을 다 이해하게 된다. 예를 들어, 코카콜라를 생각하면 어떤 게 떠오르는가? 나는 코카콜라를 마시고 있는 곰이 생각난다. 맥주를 생각하면 한 멋진 남자배우가 나와서 시원하게 마시는 장면이 떠오른다. 우리는 이런 이미지에 각인되어 차후에 다른 곳에 가서도 이 광고에 나와서 먹은 배우를 생각하며 주문을 자연스럽게 하게 된다. 이는 곧 나를 표현하는 핵심단어들을 생각하고, 이를 콘텐츠화시켜야 한다는 뜻이다. "나는 ○○ 사람이다." 이 ○○ 안에 들어갈 수식어를 내가 채워야 한다. 이때 "나는 최선을 다하는 사람이다"와 같은 식상한 말은 더 이상 하지 말자. "나는 ○○ 성과를 냈고, ○○ 매출을 달성하는 데 내가 ○○ 업무를 통해 기여했다. 나는 ○○ 점을 잘하는 사람이고, 지금 바로 현업에 적용하더라도 충분히 해낼 수 있는 지식이 있다." 이렇게 당당히 내가 한 일들에 대한 자부심을 가지고 경력기술서의 한 줄을 작성해야 한다.

⌒ 상대방을 알아야 이길 수 있다

나를 파악하고 포장하는 방법을 알아가고 있다면, 내가 공략할 회사 또한 상세하게 파악해야 한다. 한 가지 사례를 소개하고자 한다.

○○ 식품회사에 들어가고자 하는 사람이 있었다. 그 회사에 들어가기 위해 회사에 대해 철저히 조사했지만 많은 정보가 있는 회사는 아니었다. 그래서 그 회사가 운영하는 식당 및 운영사이트를 통해 동영상을 제작했다. 회사가 운영하는 식당에 가서 음식의 맛, 고객들 평가표를 스스로 만들어 작성했다. 그리고 회사가 걸어온 연혁, 그리고 역사에 대해 짧지만 핵심적인 영상을 제작했다.

그 사람은 그렇게 자신이 작성한 본인만의 콘텐츠를 가지고 면접 자리에 갔다. 물론 면접 자리에 가기 전에 이메일을 통해 자신의 콘텐츠 영상을 먼저 보냈다. 그리고 대표 면접 시 영상을 틀어 자신이 이 회사에 오고 싶은 이유를 밝혔다. 이렇게 강한 인상을 남긴 그의 면접 결과는 어떠했을까? 당연히 합격이었다. 회사 대표는 다른 사람의 면접은 볼 필요도 없이 며칠 만에 합격을 통보를 보내왔다.

가만히 앉아서 남들이 내는 평범한 이력서만 넣는다고 합격이 될까? 그건 이루어질 수 없는 바람이다. "나는 이런 사람이니 당신 회사에 내가 간다면 나는 이렇게 당신 회사를 위해 이러이러한 일을 할 수 있다"라는 자신감을 보여주어야 한다. 이는 상대방이 어떤 사람을 원하는지 꿰뚫었을 때 가능한 멘트가 될 것이다. 이렇듯 수백 군데 원서를 넣은 뒤 '안 된다'는 생각은 절대로 하지 마라. 남들과 다르게 나는 준비를 했고, 당신 회사를 잘 알고 있다는 인식을 심어주어야 한다는 말이다.

그러면 상대방을 잘 알기 위해 어떤 점을 노력하고 있는지 작성해보자.

- 내가 목표로 하는 회사명
- 회사의 채용 공고
- 회사가 원하는 포지션

- 회사가 원하는 연차
- 채용 공고 내 업무 내용
- 회사의 연혁, 회사 재무재표
- 회사가 운영하는 브랜드
- 회사의 제품을 직접 사용

　　이렇듯 우리는 내가 목표로 하는 회사에 대해 핵심정보를 찾아내야 하고, 공고에 나와 있는 필요 업무에 대해서는 내가 간파하고 있어야 한다. 내 경력과 맞지도 않은데 지원을 하는 경우는 없어야 한다. 상대는 이미 나를 내려다보고 있다는 것을 명심하고, 이를 넘어설 용기와 지식을 무장해야 한다. 단순히 공고문만 보고 무의식적으로 지원하는 일은 없어야 한다. 한 회사의 브랜드에 지원했다면 해당 브랜드의 매장을 방문해보고, 옷도 입어 보면서 분석을 해야 한다. 입사 후 내가 할 일에 대해 사전 조사를 해야 한다는 것이다. 면접 시 해당 브랜드 제품을 사용해본 사람과 그렇지 못한 사람 중 어떤 사람을 선택하겠는가? 당연히 말과 행동에서부터 사람을 다르게 평가하게 되어 있다. 연차가 쌓였고 그저 지원해서 선택을 기다리기만 한다면 좋지 않은 결과를 초래할 수 있다. 어떤 일이든 진정성 있고 심도 있게 깊고 넓은 정보력을 겸비한다면 어떠한 상황이라도 대처해 이겨낼 수 있다.

✐ 모든 준비는 내 안에 있다

앞에서 말한 내 콘텐츠 그리고 '상대방 바로 알기'는 정말 쉽게 보일 수 있지만, 실전으로 갔을 때 경쟁자와 싸워 이겨야 하는 숙제를 안고 있다. 이는 상대방의 마음을 움직일 수 있는 '다름'으로써 싸워야 한다는 것이다. 여기서의 '다름'이란 바로 나를 표현하는 핵심단어, 경쟁력, 내 성과 그리고 이력서 외적으로 표출되는 그 회사를 위한 콘텐츠를 의미한다.

비록 이 수고가 헛될 수도 있지만 한 번 해봄으로써 내가 얻은 경험은 그 가치가 두 배의 위력을 발휘할 것이다. 나는 남과 다름으로써 승부를 보는 사람이고, 내가 가진 것은 경쟁자를 물리칠 막강한 자신감이기 때문이다. "절대 안 돼"라는 법은 없다. 당당한 자신감 그리고 상대가 원하는 것이 머릿속에서 파악됐다면 바로 상대를 향해 손을 내밀어라. 그러면 상대방은 손을 놓으려다가도 결국 잡게 될 것이다. 자신감은 바로 내 안의 자존감을 상승시킬 수 있는 원동력이 될 것이다. 이 모든 준비를 갖추었을 때 내가 얻게 되는 자산은 다음과 같다.

• 자존감이 승리한다

모든 준비를 마쳤다면 나는 소중한 사람이고 사회에서 충분히 잘해내고 있다는 자신감을 가지기 바란다. 회사의 방향과 흐름을 유유히 타고 가면서 깊이 있는 언행을 통해 나의 무게감을 실어야 한다. 이직을 하게 됨으로써 나의 직급, 무게감이 상승하게 되어 있다. 그만큼 중요한 포지션을 맡게 되는 경우도 있고, 직급도 높아지고, 회사가 생각하는 기대도 커지기 때문이다. 그래서 모든 상황에 신속하고 과감한 업무능력을 보여줘야 한다. 그러기 위해서는 나의 자존감이 높아져 있어야 하고, 이 자존감이 돌파 능력이 되어 실무에서 빛을 발해야 한다. 내 안의 자존감 빛나는 업무 스킬을 장착하고 이직에 도전하자.

05 나의 소중한 경력을
리빌딩하라

↗경력은 나를 증명한다

이직을 통해 내가 무엇을 얻고 싶은가? 경력, 연봉인상, 직급 등 이직을 통해 내가 이루고 싶은 것이 있을 것이다. 경력을 쌓는다는 것은 내가 걸어온 길을 증명함을 의미한다. 이러한 인생을 살았구나, 이렇게 회사 생활을 했구나 하는 증명이 될 것이다. 멋진 경력을 만들고 이직을 잘하기 위해서는 어떻게 해야 할까? 이는 내 경력을 시점별로 어떻게 관리를 했느냐가 중요하다. 인생 플랜을 작성하듯이 직장 생활 시작부터 장기적인 관점에서 플랜을 짜고 이를 바라볼 필요가 있다. 그리고 이런 계획을 통해 경력을 튼튼하게 건축해야 한다.

↗직장 생활 중 현재 내 시점

직장 생활을 하면서 지금 내가 어디쯤 달려가고 있는지, 현재 나는 내 경력 그래프상 어디쯤인지 점검해야 한다. 연차별로 앞, 뒤 개월, 연수를 판단해보고 항상 그 중심 시점에서 나를 돌아봐야 한다. 그리고 전후 관계를 분석해서 과연 내가 시점별로 잘 관리하고 있는지 점검해야 한다. 30~50대를 거치면서 어떤 마음가짐과 어떤 건설적인 사고를 해야 하는지 들여다보자. 다음은 연령별로 주안점을 두고 살펴야 할 항목들이다

• 30대는 앞만 향해 달려가는 시기다. 과감해져라

사회에서 가장 선호하는 나이는 30대 중반이라고 한다. 어느 정도 경력이 쌓였고, 관리자급으로 가기 전 내공을 쌓은 인력이기 때문이다. 그리고 내 일에 전문성, 자신감도 충만한 나이다. 이때는 실무에 집중할 수 있고 앞만 보고 달려갈 수 있는 시기인 것이다. 그리고 30대는 열려 있는 기회로 이직 시 두려움 없이 두드려 볼 수 있다. 실무의 중심에 있는 나이로 어떤 일이 닥치고 어려움이 와도 헤쳐나갈 수 있다.

나의 30대는 이직의 신호탄을 쏘아 올릴 시기다. 큰 기업의 틀을 벗어나 새로운 환경, 새로운 회사에서 나의 지식을 검증하는 터전을 마련하는 시기였다. 그리고 내가 가는 곳에서 나의 존재감과 내 업무적 지식을 과감히 보여주려고 노력을 했다. 그래서 나는 내 주변 사람을 얻었고, 지금까지 지속가능한 저력의 기

틀을 젊은 30대에 다지지 않았나 생각된다.

그리고 30대에 난 내 가정을 위해 앞만 보고 달렸다. 이직 시 최대한 공백없이 움직이려고 노력했고, 실제로 그렇게 하루도 쉬지 않고 일에 매진했다. 하루의 쉼은 바로 경제적 상황과 바로 직결됨에 따라 난 하루의 쉼도 없이 달렸다.

이렇듯 30대는 내 경력, 가정의 두 마리 토끼를 모두 잡아야 함에 따라 앞만 보고 과장, 차장의 꿈을 꾸며 달렸던 기억이 난다. 생계를 위해, 내 경력관리를 위해 난 뒤돌아볼 겨를이 없었고 오직 가족을 지켜야 한다는 신념 하나밖에 없었다. 그래서 모든 상황을 긍정적으로 바라보게 되었다. 이전에는 직장에 대한 불만과 힘듦으로 소모전을 했다면, 30대 중반 이후부터는 회사와 조직에 대한 이해와 그에 맞춰가야 내가 설 자리가 있다는 것을 깨달았다.

30대의 체력과 정신력 그리고 책임감으로 모든 일에 과감해져라. 그리고 이 과감함의 정신력으로 내 경력을 만드는 데 핵심 가치를 만들자.

• 40대는 앞과 끝을 보며 달려야 한다. 리빌딩을 반드시 하라

40대에 들어서면 우리는 이제 관리자급으로 나가야 한다. 최근 직급별 연령을 보면 높은 직급으로 승진하는 사람이 매우 젊어짐을 볼 수 있다. 가령 내 후배가 이젠 내 상사가 될 수도 있다는 위기감을 가져야 하는 나이인 것이다. 물론 그렇게 되지 않고 내가 팀장이 되고 관리자가 되기 위해 최선의 노력을 다해야 한다. 40대는 앞으로 10년이 내 평생을 좌우하는 시기가 될 것이다. 나이가 한 살, 두 살 많아질수록 생각의 범위가 좁아지고, 만나는 사람도 줄어들고, 내가 할 수 있는 영역도 줄어들 것이다.

40대부터는 30대보다 두 배의 속도로 시간이 흘러간다는 것을 명심해야 한다. 눈을 뜨고 감을 때까지 속도는 지난 30대와는 정말 다를 것이다. 끝이 있다는 건 지금 내가 어떤 것이든 해내야만 끝을 장식할 수 있다는 의미이다. 30대 때 하고자 했던 일들을 하지 못했다면 40대를 통해 반드시 해내야 한다. 그게 이직이든 내 직업을 바꾸는 일이든 우리는 60세 이상 경제활동을 하지 않으면 살아남지 못하는 세상이 왔기 때문이다.

그래서 40대는 이직을 통해 어느 정도까지 회사 생활을 할지, 현 직장에서 벗어나 새로운 직업으로서 일을 할지에 대한 경로를 명확히 해야 한다. 한번 하고자 했으면 밀고 나가라. 비록 그 뜻이 틀렸을지라도 반드시 얻는 그 무엇인가는 존재한다.

• 50대는 정착하라. 실무형 관리자가 되어라

40대에 경력 리빌딩을 통해 이뤄냈다면, 이젠 정착하고 키워나가야 한다. 그리고 경제적 자유를 얻을 수 있을 만큼의 경제력도 있어야 한다. 이를 위해 우리는 40대 경력 리빌딩을 어떻게 했는지 평가의 결과가 50대에 나오는 것이다. 물론 50대라고 해서 일을 하지 않고, 경제적 부와 경력이 정점에 반드시 올라와야 한다는 것은 아니다. 50대부터는 직장이 아닌 직업을 통해서 경력을 이어나가야 하는 시기다.

이직이라는 말은 회사 대 회사로 이동을 통상적으로 말하지만, 내 직업이 내 경력을 이어나가는 최적의 통로라고 말하고 싶다. 그래서 50대에 가장 중요한 포인트는 내 경력을 이어 나갈 만한 직업을 통해 회사에서 근무를 할 수도 있고, 내 지식을 후배들에게 알려주는 강사가 될 수도 있다. 내 지식을 전문담당으로써 발휘할 수 있다면 내가 젊었을 때 했던 일을 이어나갈 수도 있다.

어떤 선택을 할 수 있다는 건 30, 40대 경력관리를 통해 실무에 정통했고, 이 실무를 통해 능력을 발휘해 적용할 수 있는 곳을 선택할 수 있다는 의미다. 높은 관리자로서 커리어 목표를 세웠다면 지속가능한 성과를, 전문지식의 전문가형이라면 30대의 실무를 병행할 수 있어야 한다. 이젠 전문관리자는 정말 희소한 말이 될 수 있다. 실무형 관리자가 되어야 내 50대 노후의 직업을 찾는 데 더 큰 이점으로 다가올 것이기 때문이다.

이런 준비와 설계를 하기 위한 실습은 다음과 같다.

- 경력을 연도별로 작성하기
- 신입~현재 직장까지 내가 걸어온 길을 작성하기

✐이직을 통해 얻고자 하는건?

나이별로 리빌딩을 위한 생각을 앞서 했다면, 이젠 앞으로 성취하고 싶은 것에 대해 목표를 세워야 한다. 그저 직장만 다닌다고 다가 아니다. 직장을 통해 내가 무엇을 성취하고 있는지, 어떤 사람을 만나서 네트워킹하고 있는지 수치화해야 한다. 모든 일에는 우선순위가 있고, 중요하다고 생각하지만 지금 우리는 현실적으로 판단해야 한다.

내가 얻고자 하는 것을 확실하게 이끌어 내야 한다. 이는 내 가치가 확실할 때 더 빛을 발하게 된다. 내가 그저 그렇게 회사~집만 반복하고 자기계발을 하지 않았다면, 내 가치가 성장했을까? 절대 그럴 수 없다. 일도 잘하는 사람이 내 주변 네트워킹도 활발히 할 수 있다. '지치고 힘들어, 난 잠이나 오래 잘래' 하는 사람은 절대 발전할 수 없다. 일하는 동안은 내 업무, 회사, 나를 위해 모든 시간을 투자해야 한다. 그래야만이 내가 원하는 것을 얻을 수 있다. 가만히 앉아 있다가는 내 경쟁자들이 모든 것을 쟁취할 것이다. 나는 그저 바라만 보고 부러워 할 수 있다.

이는 이직도 마찬가지다. 내가 스스로 네트워킹하여 찾고, 구하고, 정보를 이끌어낸다면 내가 원하는 회사에 들어갈 수 있을 것이다. 여기서 네트워킹은 나와 관계한 모든 사람이다. 이전 장에서 말한 나의 핵심관계자를 말한다. 이직은 단순히 회사를 옮기는 것이 다가 아니다. 여기서 내가 얻을 수 있는 그 무엇인가를 하나 이끌어내는 것을 말한다. 예를 들어, 회사가 서울에서

서울 근교로 이사를 해서 내 출퇴근 시간이 힘들 경우, 나는 출퇴근이 가까운 회사로 이직하여 내 삶의 가치를 높일 수 있다. 회사의 부서가 없어져 포지션이 애매해졌을 때 과감히 타 회사로 이직을 해서 내 직종의 전문성을 이어갈 수도 있다. 이럴 땐 회사의 분위기를 보고 빠른 이동을 해야 한다. 그리고 보다 좋은 조건의 연봉체계로 연봉인상이 기대되는 회사로 이직하거나 지인으로부터 나와 같이 일하고 싶다는 제안을 받을 때 등 내가 얻을 수 있는 것이 단 한 개라도 있고 내가 손해를 보지 않는 선에서 이직을 해야 한다.

하지만 연봉이 내려가더라도 회사의 성장과 승진의 여력이 보이는 회사로 이직하는 사례도 있다. 그리고 신규사업이 시작되어 시작 멤버로 요청받는 이직도 있다. 각각 상황으로 보면 이직은 예견되거나 예견되지 않은 상황 모두에서 발생될 수 있다는 것이다. 내가 의도할 때도 있고 의도하지 않은 경우도 있다. 각각 상황에서 우리는 현명하게 대처하고 이직의 상황에서 내가 뽑아낼 수 있는 것들을 다 쟁취해야 하고 내 성장의 발판을 매번 만들어야 한다.

회사는 절대 나의 미래를 보장해 주지 않는다. 내 부서 주변 사람도 절대 나를 이해해주거나 성장시켜 주지 못한다. 오로지 나만이 나를 성장시킨다는 신념을 가져야 한다. 그래야만이 의지하지 않고 삶을 내가 개척할 수 있는 힘이 생기는 것이다. 내가 행하고 영향을 줄 수 있는 그 무엇이든 날개를 펴고 행하라.

그리고 내게 유리하고 나를 성장시키는 것에 집중하라.

↗ 이직의 완성이란?

이직은 이제 필수이자 경력의 행복 그래프를 만드는 것이다. 나는 매번 이직을 하면서 내 연봉을 내린 적은 없었다. 그리고 매달 생활비를 가족에게 줘야 한다는 신념으로 공백기를 가져본 적도 없다. 내 신념은 확고했다. 가족에게 피해를 주면 안 되고, 아이들을 키우는 데 절대 부족함이 없어야 한다는 신념 하나였다. 하지만 굴곡이 없었던 것은 아니다. 짧은 경력, 긴 경력, 다채롭게 내 이력은 수채화처럼 그려졌다. 이직의 완성은 내가 만족하느냐, 내가 먹여 살릴 가족에게 부끄러움 없이 일을 했는가에 달려 있다. 그리고 은퇴 시점에 내 이력을 보고 웃으며 이야기할 수 있는 정도가 되기를 말한다.

사람들은 말한다. 나를 대단한 사람이라고. 하지만 나는 절대 그렇지 않다. 나는 운이 좋았고, 내 주변 사람들에게 나를 어느 정도 마케팅했기에 가능했다고 생각한다. 이직의 성공, 완성은 없다. 훗날 주변 사람들에게 평가될 것이다. 내가 도움을 받았고, 내가 도움을 주었던 사람들을 다시 한번 생각하며 감사의 마음을 가지자. 그리고 언제나 믿고 바라봐준 부모님, 가족의 믿음을 절대 저버리지 않기를 바란다.

06 내 평판이
나의 미래를 좌우한다

⌒평판은 내 얼굴이다

직장인으로서 과연 나는 어떤 평가를 받고 있을까? 출근함과 동시에 나에 대한 평가는 시작된다고 생각해야 한다. 직급을 떠나서 한 조직사회에 있는 우리 모두는 서로를 보고, 듣고, 소통하고 있다. 이 가운데 선후배, 경영자들에 의해 나에 대한 평가가 이루어지고 있다. 이것이 바로 내 평판이 되어 회사는 나를 ○○○○한 사람이라고 포지셔닝하게 된다.

⌒회사는 언제나 나를 보고 있다

1년에 몇 번씩 걸려오는 전화가 있다. 바로 사람에 대한 평판을 물어보는 일이다. 그 사람이 어떤지. 회사에 맞는 사람인지를 같이 근무한 사람에게 전화를 걸어 물어보는 과정이다. 서류 통과, 면접 통과로 합격이 이루어지지만, 추가로 평판점수가 최종 당락을 좌우할 수도 있다. 이때 내가 어떻게 회사 생활을 했고, 어떤 성과로 임했느냐에 따라 나의 평판점수는 달라질 것이다. 회사 사람들이 나를 어떻게 평가할지에 대해 제3자의 입장에서 나를 돌아봐야 한다. 기본적인 언행과 인식해야 할 것들에 대해 생각해보자.

〈기본적으로 지켜야 할 것들〉

- 같은 회사 사람들이라면 반드시 인사를 해야 한다. 잘 모르는 사람이라도 간단한 목례로 인사하도록 하자.
- 다수가 있을 때는 목소리를 줄이고 업무적 소통이 가능한 적당한 톤으로 임하라.
- 회사에 대한 불만과 사람에 대한 불만은 회사를 벗어나서 불만을 표출하라. 절대 회사 내에서 회사에 대한 부정적인 말을 하지 마라.
- 똑같은 회사원이고 같은 입장에 있다는 것을 인지하라
- 결국 내가 부정적으로 한 말은 결국 화살이 되어 내 평판으로 돌아오게 되어 있다.
- 이직을 하고자 한다면 주변인에게 티를 내서는 안 된다. 아주 친한 사이라도 동료이자 경쟁의 입장이지 내 편이 되어주지 않는다는 것을 냉철하게 받아들여야 한다.
- 사내 친하게 지낸 동료라도 서로 칼날을 들고 있다

- 업무적으로는 완벽주의자가 되어라.
- 경영자의 눈에 나라는 사람을 각인시켜야 한다.
- 현재 회사가 최고라는 인식을 가지고 모든 일에 임해야 한다.
- 부정적인 생각이 있더라도 타인에게 절대 이야기를 나누지 마라.

위 내용처럼 지켜야 할 것들에 대한 목록을 나열하였다. 내가 싫든 좋든 현 회사를 다니고 있다면 현 회사에 충성을 다해야만 내가 성장하고 내 평판점수도 올라갈 것이다. 회사에 대해 불만을 발설하고 부정적인 말들을 늘어놓는다면 직무만족도가 저하될 것이고, 내 태도에서 불만이 있다는 것이 바로 드러나게 될 것이다. 모든 회사가 좋을 수 없다. 하지만 내 태도에 따라 내 평판점수가 올라갈 것은 분명하다.

⌐내 언행과 업무 수행 능력은 몇 점일까?

먼저 언행 면에서 나는 회사에서 어떤 말과 어떤 행동으로 일하고 있을까? 사람의 말 한마디로 그 사람의 평가는 90% 결정된다고 봐야 한다. 예를 들어, 다혈질인 사람처럼 소리 지르고, 인격을 매도하는 사람을 본 적이 있다면 그 사람은 그렇게 각인이 되어 버리게 된다. 추후 조용한 모습을 보이더라도 그 사람의 본성, 인성은 이미 다혈질의 소통 안 되는 사람임을 벗어날 수 없다. 그런 사람의 주위엔 사람이 없을 것이고, 이미 평판은 경영자의 머릿속에 각인이 되어 있을 것이다.

과연 나는 어떻게 언행을 하고 있을까 되돌아봐야 한다. 어떤 언어와 제스처를 하고 있으며, 내가 말하는 것에 대해 어떤 반응을 보이고 있고, 나를 어떻게 생각하는지를 파악해야 한다. 그리고 지금 내가 말하고 있지만 과연 잘하고 있는 건지, 혹시나 상대방이 듣고 싶지 않은 말을 하고 있는지, 논점을 흐리고 있지는 않은지 모든 상황에 대해 눈과 귀를 열고 임해야 한다.

그리고 내 표정 관리도 정말 중요하다. 상대방이 요구하는 것에 대해 집중하고 있는지, 싫어도 좋은 척해야 할 일이 생겼을 때 포커페이스를 잘 유지해야 한다. 마음에 안 든다고 직설적으로 말하고 싫은 내색을 하면 상대방의 인격과 수고에 대해 무시를 한다고 생각할 수 있기 때문이다. 내 말과 행동에 있어 정말 중도의 입장을 견지하고, 합리적인 소통능력을 키우기 바란다.

한편 업무 면에서는 회사 내 업무를 잘 수행해야 함이 기본이다. 회사의 조직은 철저하게 분업화된 톱니바퀴다. 서로의 업무가 맞물렸을 때 톱니바퀴가 정상적으로 작동하게 되어 있다. 나는 조직에서 작은 톱니바퀴인 것이다. 이 톱니바퀴를 굴리기 위해서 모든 바퀴들이 타협해야 하고, 서로 손을 잡고 앞으로 나가야 한다. 여기서 내 역할을 하지 못하고 정지해 있다면 나의 업무수행 능력이 떨어지고 전체가 멈추는 상황이 발행하게 된다. 내 업무수행 평가는 매 순간 선후배, 인접 부서의 사람들의 각자 마음속으로 피드백될 것이다. 잘 굴러가게 하고 있는지, 멈춰버려 전체가 정지되게 만드는지를 매 순간 업무 속, 작은 일 속에서라도 평가하게 되어 있다.

따라서 회사를 잘 굴러가게 하는지, 내가 업무를 지연시켜 늦춰지게 하고 있는지, 내 인접 부서의 영향으로 내가 정체되어 있는지 매일 업무 속에서 내가 중심이 되어 냉철하게 들여다봐야 한다. 그래서 병목 현상을 끄집어내어 일이 되게끔 하는 역할을 하라. 그리고 그것을 내 성과로 만들고 내 평판의 한 부분으로 만들어야 한다.

✎평판과 이직은 평행이론이다

예의, 인성, 업무적 평가는 나를 따라다니는 꼬리표와 같다. 이직 시 나를 표현하는 기본사양이 될 것이다. 그래서 초기에 형성된 내 평판은 직급과 이직 시 정말 큰 영향을 미치게 된다. 평판이 좋아야 이직도 좋은 흐름으로 갈 수 있다.

지금 나에 대해 평판점수를 준다면 90점을 주고 싶다. 내 90점에 대한 평판이 어떻게 만들어졌는지 내 스스로 돌아보고자 한다. 나는 이직을 할 때마다 내 주변 사람, 상사들의 평가가 좋았던 것으로 기억한다. 그래서 매 순간 이직 시 사람이 결정적인 역할을 했다. 그리고 나는 그 사람들과 좋은 관계를 유지하고자 부단히 노력했다. 이 노력의 결실이 지금의 내가 일을 할 수 있는 계기가 되지 않았나 생각된다.

나는 이런 결과가 다음과 같은 내 태도 덕분이라고 생각한다.

첫 번째, 나는 내가 관계한 분들에게 주기적으로 안부 인사를 전했다.

두 번째, 나는 인사가 끊기려는 분들에게도 스스럼없이 안부 인사를 건넸다.

세 번째, 나를 기억하는 분들에게 나의 상황을 알리고 도움을 적극적으로 요청했다.

네 번째, 나를 좋아하는 사람, 싫어하는 사람에 상관없이 연락을 취했다.

이렇게 하자 시간이 지나도 나를 찾는 분이 있다는 것을 알게 되었다. 나는 지금도 가끔씩 나를 스쳐 지나간 사람들의 전화번호를 찾아본다. 잠깐 스쳐 지나간 사람이라도 난 지나치지 않고 인사를 건넸다. 연락처가 변경됐으면 주변인을 통해 알아내어 연락을 취했다. 이렇듯 나는 사람 사이 관계를 유지하고자 했다. 그래서 지금 나는 5명의 든든하고 소중한 주변인이 있다. 그분들이 있어 나는 지금의 나를 만들었다고 생각한다. 지금 내가 반드시 연락을 해서 인연을 이어가야 하는 사람. 연락을 안 해도 나를 잘 아는 사람. 내가 놓치고 있어 연락이 끊기고 있는 사람. 이 3가지를 잘 분석하고 관계를 이어 나갈 수 있도록 해야 한다.

내가 연락하는 이 5인은 모두 회사에서 나를 만난 사람이고, 서로서로 같이 일하면서 믿고 맡길 수 있는 사람이었다. 만약 내가 일을 잘하지 못하고 소통도 잘 안 되는 사람이었다면 그들과 지금까지 연락을 하지 못했을 것이다. 이분들을 통해 난 평판이 생성되었고, 한번, 두 번 같이 일하는 기회도 주어지게 되었다.

일도 하고 내 평판도 신경 써야 하고 가정도 돌봐야 하고, 이 모든 게 힘들다고 생각될 것이다. 하지만 내가 말하는 바는 사회생활을 하면서 기본적인 갖출 덕목이며, 인내하고 소통하고 연락하며 끊임없이 내 평판을 좋게 만들어야 한다.

✎ 내 평판은 반드시 사수하자

이직 시 중요한 것 중 하나. 내 평판이다. 지금 내가 하는 행동 하나하나, 그리고 업무적 실수가 내 평판의 주요한 허점이 될 수 있다. 내 업무적 성과도 반드시 중요하나, 사람의 인성과 언행이 올바르지 않다면 아무리 능력이 좋다고 해도 이직 시 마이너스가 된다는 것을 명심해야 한다.

오늘도 퇴근 때 한 통의 전화를 받았다. 예전에 같이 근무했던 직원이 이직하는데, 평판 조회를 해도 되겠냐는 평판 조회 회사의 연락이었다. 해당 직원을 더 잘 알아보고 싶기 위한 평판조회 전문회사였던 것이다. 내 말 한마디가 참조는 되겠지만 결정적 역할을 할 수 있는지 아무도 모르는 일이다. 같이 일한 그 후배가 당시 그렇게 좋지 않은 관계였고, 일도 잘 못하는 사람이었다면 난 어떻게 말을 했을까? 하지만 그 후배는 성실했고 주어진 일에 최선을 다하는 좋은 사람이었기 때문에 난 장점만을 그 회사에 여과 없이 전달했다.

정말 그 후배가 이직 시 성공하는 것을 보고 싶었다. 이렇듯 지금 같이 일하는 사람이 언제 어떻게 나를 평가할지 모른다. 그래서 언제나 포커페이스를 잘하고 업무적으로 깔끔하게 수행하며 인접 부서와 좋은 관계로 소통하기를 바란다.

07 나를 믿을 수 있는 사람으로 만들어라

↗내가 먼저 회사를 믿어라

평판이 좋은 사람임을 증명하는 것은 바로 모든 사람, 회사가 나를 믿을 수 있게 신뢰를 주는 데에서 시작된다. 회사는 철저히 이익 집단이다. 모든 구성원이 이익을 위해 존재하지, 회사에서 성과가 없는 사람은 존재의 이유가 없다고 생각한다. 그래서 내가 회사에 이익을 주고 있고, 꼭 필요한 사람이라는 인식을 매 순간 줘야 한다. 내가 회사를 위해 어떤 일을 하고 있고, 이익을 주기 위해 어떤 업무를 하고 있는지, 그리고 실제로 어떤 이익을 가져다주고 있는지에 대한 믿음을 매 순간 놓치지 말고 피드백해야 한다. 회사의 방향성에 맞게 일하는 사람이 내가 적임자라는 것을 반드시 느끼게 해주어라. 그래야 내 가치 즉, 이직 시 내 몸값이 올라갈 수 있다.

╱인정과 칭찬은 나를 믿게 하는 도구

조직 생활에서 인정만큼 소중한 선물은 없다. 인정을 통해 내 평판, 성과, 이직 시 필요한 모든 것을 갖추게 된다. 일을 하면서 '내가 칭찬을 받았던 적이 있는가?', '내가 남을 칭찬해준 적이 있는가?'를 생각해봐야 한다. 직장 생활을 하면서 인정을 받기란 참 어려운 것 같다. 어느 정도 성과가 가시적으로 보이거나, 앞으로 치고 나가는 성과가 확연하게 보인다면 이는 바로 인정으로 내게 돌아오게 되어 있다.

이를 위해서는 나를 먼저 인정하는 일이 필요하다. 스스로 나를 먼저 인정을 했을 때 남도 나를 인정할 수 있다는 것을 명심해야 한다. 내가 나를 작게 평가하면 남도 나를 작게 평가할 것이고, 내가 나를 당당하게 평가하고 인정한다면, 남도 나를 그렇게 바라볼 것이다. 조직사회에서 보면 뒤로 내빼는 것보다는 앞으로 전진하는 사람을 더 좋아하게 되어 있다. 한 번, 두 번 전진하고 또 전진한다면 회사는 나를 전진배치하게 되고, 믿고 맡길 수 있는 사람이 될 것이다.

학교를 다니다 보면 손을 들고 발표를 잘하는 아이가 있는 반면, 서로 눈치만 보고 멀뚱하게 바라만 보는 아이가 있다. 선생님이 봤을 때 어떤 아이를 더 많이 보고, 눈을 많이 마주치게 될까? 바로 손을 열심히 드는 아이가 선생님과 많은 소통을 하게 되어 있다. 이름이라도 한 번 더 불러주게 되어 있고, 선생님한테 나는 언제나 적극적이라는 인식을 심어주게 되어 있다. 이는 내가 나를 믿고 멋지게 손을 들어 상대를 향해 내가 할 수 있다는 자심감을 표출하는 것이다. 내 학교생활이 어떠했는가? 언제나 어른들은 말씀하셨다. 틀려도 좋으니 적극적인 사람이 되어라. 틀려도 이는 다시 알아가면 되니깐 말이다. 이는 아주 어릴 때 사회생활의 단면을 보여주는 것이다.

적극적인 사람한테는 회사도 적극적인 지원을 한다. 그리고 일을 하나라도 더 맡긴다. 그 결과 회사는 자연스럽게 그 사람을 인정하고 핵심인력으로 자리매김할 수 있는 공간을 마련해주게 되어있다. 그리고 한동안 그 공간 안에서 다른 사람이 들어오지 못하게 추진할 수 있는 힘을 실어주게 된다. 그 공간에서 나는 인정의 추진력을 얻게 된다.

이 추진력을 바탕으로 성과, 승진, 경제적 이익을 꿰차고 나가야 한다. 이게 바로 내 성과 만들기 타이밍이라는 것인데, 이 시기를 잘 만들어가야 한다. 이 부분은 다음 장에서 자세하게 다뤄보고자 한다.

나를 인정했다면 그다음에는 나를 인정하는 만큼 타인도 충분히 인정해야 한다.

내가 인정을 받기 위해서는 내가 먼저 회사를 인정하고, 회사 내 동료, 사람들을 인정해야 한다. 우리나라 사람들의 특징 중 하나가 남을 칭찬하는 일에 인색하다는 것이다. 혹시나 나보다 더 잘하는 모습을 보이거나, 제3자에게 인정을 받는 모습을 보게 된다면 직설적 칭찬이 아닌 우회적으로 칭찬하게 된다. 그리고 뒤돌아서 서서 진짜 잘했는지 곱씹어 본다. 정말 진심에서 우러나서 인정을 하는 경우보다 무언가 다른 이유가 있었기 때문에 인정을 받는 건 아닌지 의심을 하는 것이 우리 사회, 즉 직장 안에서 현실적인 흐름인 것 같다. 경쟁 사회에서 부딪히고 의심하며 서로 이겨야 하는 상황이라 더더욱 그렇다고 생각한다.

회사 생활은 나만이 잘한다고 해서 앞을 향해 나갈 수 없다. 서로가 진심 어린 인정을 하고 상생구조를 만들 때 비로소 조직이 성장하고 내가 성장할 수 있게 된다. 멋진 성과를 내고 있는 직원에게 진심 어린 칭찬과 인정을 해주고 그 성과가 빛날 수 있게 박수를 보내 주어라. 훗날 나에게 더 큰 박수로 되돌아올 것이다.

↗ 업무적으로 리드하라

업무적으로 리드하게 된다는 말은 바로 내가 회사에서 인정을 받아 추진력이 생겼음을 의미한다. 위에서 말한 내 성과 만들기 타이밍이 이때 시작하는 것이다. 이 타이밍은 사원에서 과장급까지에서 가장 잘 만들 수 있다. 차장급부터는 경력과 지식의 노하우를 밑으로 내려줘야 한다. 인정을 받기까지 뼈를 깎는 고통과 인내로써 성과를 만들고, 내가 말한 한마디가 회사 경영과 업무적 효율에 영향력이 있게끔 만들어야 한다.

그저 따라만 가는 사람이 될 것인가? 내 말 한마디에 귀를 쫑긋 세우고 경청하는 직원들의 모습을 만들 것인가? 비록 내가 회사의 대표가 아니더라도 업무적으로 인접, 혹은 타 부서를 움직이게 할 만한 지식으로 리드를 할 것인가? 선택은 내가 하는 것이고, 실행도 내가 하는 것이다. 어느 정도 연차가 쌓였다면 업무적으로 리드를 할 수 있는 사람으로 자리매김하자.

∠ 성실함으로 현장을 뛰어라

업무적으로 리드를 함과 동시 매사에 성실함은 나에 대한 평가 지수를 끊임없이 높이게 된다. 성실하다는 것과 일을 잘한다는 것은 별개다. 성실함으로써 본업에서 진심으로 대하고 있다는 인식을 심어 줄 수 있다. 비록 내가 당장 내일 퇴사를 하고 이직을 한다고 하더라도 오늘 이 순간만큼은 최선을 다해야 한다. 이 사람이 100% 능력을 다하고 있는지, 아님 50%만 사용하며 대충 회사를 다니고 있는지는 성실한 태도와 언행이 99% 좌우한다.

회의할 때, 내 자리 주변 청소를 할 때, 상사가 지시한 일을 수행할 때 등등 모든 일에 적극적으로 임하는 모습을 보여야 한다. 그리고 절대 출근 시 늦지 않게 출근 10분 전 회사에 도착하여 오늘 업무를 정리하고 시작해야 한다. 이 모든 것들 하나하나가 내 성실함의 누적점수가 되어 주변인들의 머릿속에 각인이 될 것이다. 회사 내에서 내 역할, 내가 할 수 있는 모든 것들에 대해 열린 생각으로 움직이자. '이건 내 거 아니야, 난 이 업무를 하기 위해 여기 오지 않았어.' 등등의 편협한 사고를 버리고, 내게 주어진 일이 아니더라도 할 수 있고, 해서 성과가 날 수 있다면 마다하지 말고 업무를 등에 업고 성과를 향해 매진해야 한다.

이 모든 것들이 모여 훗날 내 직장 내 상호평가 시 긍정적인 점수로써 타인이 평가하게 되어 있다. 내 것만 고집하지 말고 내가 할 수 있는 모든 역량을 동원해서 현업에 임하자. 이는 바로 정성적 평가의 수치가 높은 사람으로 인식될 것이다.

∕믿음은 신뢰로 내게 반드시 돌아온다

회사 생활을 하면서 상사, 혹은 후배를 믿고 의지하는 사람이 있을 것이다. 그들이 어떻게 행동을 했고, 어떻게 업무를 추진했고, 어떻게 사람들에게 신뢰를 얻어 회사 생활을 영위하고 있는지 알아야 한다. 사람을 벤치마킹하여 내 것으로 만들고, 후배들이 나를 벤치마킹하고 싶게 만들며, 믿고 의지할 수 있는 강력한 카리스마로 자리매김해야 한다. 그리고 그들에게 쌓은 신뢰와 인정으로 내가 가고자 하는 길이 꽃길이 될 수 있도록 만들어야 한다.

나는 나 자신을 얼마만큼 믿고 얼마만큼 신뢰받는 사람인가? 다음 질문에 답해보자.

- 나는 상대가 믿을 만한 사람인가?
- 나는 회사에 어떤 믿음을 주고 있는가?
- 회사는 나의 어떤 점을 마음에 들어 할까?
- 나는 회사의 어떤 점을 믿는가?
- 나는 회사에서 믿고 의지하는 사람이 있는가?
- 내가 이직하고자 할 때 회사 내 응원해주는 사람이 있는가?
- 배울 점이 있는 상사가 있는가?
- 이직 시 나에 대한 평가를 좋게 이야기해 줄 만한 사람이 몇 명이나 될까?

시간의 흐름 그리고 분위기를 역이용하라 08

시간이 흘러감에 따라 근무 연수는 늘어만 간다. 그리고 직급, 업무 역량에도 변화가 있다. 이 변화의 분위기를 잘 파악해야 한다. 분위기를 놓치고 변화에 적응하지 못하면 원하지 않는 변수가 내게 찾아오게 된다. 그리고 이 변화가 내게 어떠한 영향을 미치고 있는지, 매의 눈으로 보고 밝은 귀로 들어야 한다. 요즈음 회사는 분기별로 시시각각 변화한다. 그래서 잠시라도 긴장을 늦추고 있으면 내 자리가 어떻게 될지 아무도 모른다. 회사, 부서, 팀의 분위기를 주의 깊게 살펴야 한다.

✐이직한 순간부터 내 포지션을 파악하라

회사에서 자신의 위치가 어디쯤인지, 어떤 평가가 이루어지고 있는지 지속적으로 모니터링해야 한다. 전 회사에서 숙달된 나의 경험치를 현 회사에 적용할 수 있는지, 다른 방법으로 변형해서 적용해야 하는지 판단을 해야 한다. 잘한 점만 믿고 현 회사에 적용한다면 오히려 역효과가 날 수 있기 때문이다. 이직한 회사에서 어떤 부분에 대해 기여를 할 수 있는지 포인트를 잘 잡고 방향을 잘 설정해야 한다. 이 포인트를 통해 부서 혹은 회사의 목표에 부합할 수 있도록 팀장 혹은 부서장과 수시로 소통해야 한다. 그리고 함께 만들어갈 수 있다는 인식을 심어주어야 한다. 그래야 조금이라도 연명할 수 있는 시간이 주어지게 된다.

그래도 회사는 성장을 시키는 사람에게 기회를 부여한다. 소통 없고 포지셔닝 안된 사람에게 절대로 중요한 임무를 주지 않게 되어 있다. 내 위치, 회사 내 포지션이 어떻게 되고 있는지 분위기를 끊임없이 파악하고 빈틈을 보이지 마라.

⤷변화의 흐름을 읽고 대응하라

사회적 변화, 부서 내 조직변화, 오너의 변화에 따라 회사 혹은 개인은 변화하게 되어 있다. 경력직 입사 후 6개월 단위로 변화를 겪어본 나로서 절실히 느끼는 부분이다. 입사 후 몸담은 브랜드가 없어졌었고, 부서 이동을 하게 되었다. 그리고 부서 이동후 6개월 내 이동한 조직이 없어지고, 홀로 타 부서에 편입되어 업무를 진행하게 된 경우가 있었다. 이럴 때는 몸담고 있는 회사에서 떠나야 함을 즉시 해야 했다. 하지만 그 시기를 놓쳐 이직을 힘들게 경험해야 했다.

이렇듯 이직은 시간의 흐름에 편승해야 한다. 내가 현직에 있고 싶더라도 스스로 떠나야 함을 인지하고 준비해야 한다는 뜻이다. 시간이 흘러 내 포지션이 정해질 수도 있고, 그렇지 못할 수도 있다. 시간을 가지고 인내할 수도 있지만 그렇지 않다고 생각될 때는 과감히 던지고 나와야 한다. 회사는 사람을 절대 기다려 주지 않기 때문이다.

이 분위기를 간파하고 실시간으로 대응하지 못하면 끝까지 버티다 갈 데 없는 신세가 된다. 그렇게 되지 않기 위해서는 회사에 무엇인가 변화가 느껴질 때 내게 어떤 영향이 미칠지 항상 염두에 두고 있어야 한다. 그리고 눈치 빠른 대응을 해야 한다. 변화가 내게 긍정적일 수도 있지만 부정적일 수 있다. 사람은 긍정의 메시지를 받을 수 있다는 희망을 가지고 있지만, 그건 망상에 불과하다. 항상 부정적인 입장을 동시에 생각하고 판단해야 한다. 그리고 부정적이라면 바로 행동으로 옮겨야 한다. 한 조직에서 오래 근무한다고 칭찬을 받는 세상은 끝났다. 내가 필요로 하는 곳, 그리고 내가 가고 싶은 곳으로 가기 위한 노력을 해야 한다.

✐변화를 인지했으면, 떠나야 할 시간을 간파하라

회사를 떠나야 한다고 마음을 먹었다면 내가 가진 지식을 쓸어 담고 정리해 타 회사에 가기 위한 준비를 해야 한다. 그리고 그 준비가 되면 떠나야 할 시간을 내가 정해야 한다.

그렇다면 떠남은 어떻게 준비해야 할까? 첫째로, 회사를 그만둔다고 마음먹었을 때 마음을 더 단단히 해야 한다. 그만둔다고 마음이 정해지면 현 업무에 소홀히 하게 되기 때문이다. 그래서 현재 하고 있는 업무가 회사에 피해가 가지 않도록 긴장을 늦추면 안 된다. 긴장을 늦추는 순간 업무에 누락이 생기고 회사에 작은 부분이라도 피해가 가기 때문이다. 그리고 결심했을 때의 속마음을 그 누구에게도 말해서는 안 된다. 말은 돌고 돌기 때문에 그 말이 내게 다시 돌아오게 된다. 직접적으로가 아닌 간적접으로 돌아와서 내게 더 큰 상처와 피해가 될 수 있기 때문이다. 회사는 절대 나를 보호해주지 않는다. 그러니 항상 조심하고 더 긴밀하게 움직여야 한다.

　　그다음, 떠남의 시기는 반드시 내가 정해야 한다, 떠남의 결정은 단호하게, 떠남의 시기는 확고히 해야 한다. 결단력 있게 회사와 이제는 끝이라는 인식을 강하게 인식시켜야 한다. 오래 다녀서 일을 더해준다고 절대 알아주지 않는다. 떠난 사람의 일은 다른 그 누군가가 인계받아 잘 진행될 것이다. 그러니 떠남을 회사에 알리는 순간 언제 나간다는 일자를 확고히 하기를 바란다.

　　마지막으로, 주변 정리는 깔끔하게 해야 한다. 떠남은 나의 발자취를 남기게 된다. 이 발자취를 깔끔하게 정리해야 한다. 걸어온 길을 다른 누군가가 봤을 때 '깔끔하게 일을 잘했구나'라는 인식을 남겨야 한다는 말이다. 평소에 깔끔하고 정확히 해야 하는 것은 맞으나, 그렇지 못했다면 정리할 때라도 최대한 깔끔하게 남겨야 한다. 정리도 잘 안 되어있다면 그다음 사람, 남겨진 사람에게는 치명적인 비난을 받을 수 있다. 그래서 부족함이 보이면 지금이라도 보완하고 정리하는 습관을 가져야 한다. 당장 오늘 그만두더라도 내가 만들어 놓은 파일과 서류들을 보고 일을 수행하는 데 무리가 없어야 한다는 말이다.

✐ 회사가 변하면 나도 변해라

회사가 변한다는 것은 인적자원, 조직문화, 경영방침 등을 새롭게 한다는 말이다. 그리고 회사의 이익을 위해 그 어떤 것이라도 변화를 꾀한다. 나는 가만히 있는 사람이기보다 내게 어떤 변화가 닥쳐올지 먼저 생각하는 사람이라야 한다. 그리고 나도 변해야 한다. 내가 타 부서로 가는지, 현재 부서에 남아 있는지, 아니면 구조조정 대상이 되는지 빠르게 판단해야 한다. 또 이 상황에 따라 내가 유리한 쪽으로 움직여야 한다.

회사는 나를 성장시켜 주지 않기 때문에 내가 성장하려면 어떤 선택을 해야 하는지 현명한 판단을 해야 한다. 현 회사에 남아 승진 대상이 되는지, 아니면 이직을 통해 내가 한 단계 업그레이드될지 그 누구도 모르는 현실에 정면승부를 해야 한다.

5장

실전 이직
: 이직의 프로세스

이력서 업데이트는 이렇게 하라 01

⤴ 이력서는 나의 장점만을 위한 공간

종이 한 장의 이력서로 나의 50% 평가가 이뤄진다고 본다. 나를 어떻게 글로써 표현해야 나의 가치를 돋보이게 할 수 있을까? 어떤 내용의 문장을 표현함으로써 나를 각인시킬 수 있을까? 나는 이직을 경험하면서 사용한 플랫폼이 있다. 바로 내 장점을 드러내는 핵심문구를 전면에 내세우는 것이다. 이는 이력서를 검토하는 사람에게 글을 읽는 시간을 최소화하면서 나에 대해 빠르게 인식시킬 수 있는 것이 장점이다. 나를 표현하는 데 길고 장황하게 작성하기보다는 짧지만 핵심 단어와 간결한 문장, 수치로 표현한다. 이 핵심 문구를 작성하고 그들이 궁금해하는 것들에 대해 준비를 해야 한다. 과연 어떻게 해야 하고 어떤 효율적 방법이 있는지 알아보자.

✐지금 하는 일, 프로젝트의 제목, 성과를 기록하라

우선 나의 직무, 성과, 직무내용을 생각나는 대로 백지에 적어 보자. 처음 경력증명서를 작성하는 분들이 있다면 위의 방법이 도움이 될 것이다. 내가 한 일을 회사별, 성과별로 구분하고, 회사에서 내가 했던 일들을 나열해 보는 것이다. 그리고 그 일들을 어떤 방법으로 처리하고 마무리했는지 과정도 있으면 좋다.

아래와 같이 가치사슬을 만들어 적어보면 도움이 될 것이다. 생각을 정리하는 데는 우선 백지 노트를 활용하고 필요 없는 내용은 하나씩 지워가면서 내 핵심 단어, 문장을 뽑아내는 것이 좋다.

백지 노트에 생각나는 대로 적어보길 바란다. 이력서는 작성하는 것만으로도 어렵고, 두려움에 머뭇거리는 사람들이 있다. 이를 극복하기 위한 가장 좋은 방법이 스스로 나만의 역사연대기를 만들어 보는 것이다. 내가 지금까지 살아왔던 순간들을 모두 적어 본다. 그러면 그 안에서 내 핵심 키워드를 발견할 수 있을 것이다.

첫 번째, 내가 태어난 연도부터 지금의 회사에서 근무하기까지 있었던 순간들을 대·중·소 제목으로 구분하고 적어보자. 하지만 그 전에 백지의 이점인 자유로운 형식, 그림을 활용해 친근하게 써야 한다. 그리고 친근한 키워드 살아왔던 문장, 단어 속에서 연도, 잘했던 일, 잘못했던 일의 사건들을 추출한 뒤 그 추출한 단어, 키워드를 중심에 두고 가치사슬을 펼쳐야 한다. 그 가치사슬의 목록을 구체화하고 연도별 내 핵심 추억, 장점으로 재구성해야 한다. 이는 연도별, 나이별로 구분지어야 하고, 그 구분된 내용을 바탕으로 대·중·소 분류로 나눈 뒤 핵심장점으로 나를 포장하는 어휘의 마법을 써야 한다.

순서는 다음과 같다.

1. 백지를 준비해 연도별, 나이별로 표를 긋는다.
2. 초등학생 시절부터 현재까지 나의 연대기를 연도별로 적어 넣는다.
3. 시기별로 나의 중요했던 순간들을 기억하고 적어보자. 과연 어떤 일들이 내 역사가 되고 있는지 알아보는 시간이다.
4. 초등학교 시절부터 고등학생, 대학교, 대학원 시절 내게 어떤 주요한 일들이 있었고, 이를 어떻게 극복을 했는지 적어보자.
5. 중, 고등학교시절에는 학업, 진로, 친구관계 등 중 내가 경험하고 도전하며 고민한 일에 대해 어떻게 극복하고 생활했는지에 대해 작성해보자
6. 대학교 이후 핵심 키워드는 사회를 향한 나의 도전, 성공기에 대한 것으로 뽑는다.
7. 사회로 진입하면서 지금까지 나는 과연 어떻게 회사 생활을 했는지에 대한 핵심 키워드를 뽑아보자. 이는 곧 나의 회사 생활에 대한 평가 지표의 역할을 하게 될 것이다.
8. 사회로 나와서 첫 직장부터 현재 직장까지 다니면서 내가 만

난 사람들, 내가 했던 프로젝트, 어떤 성과를 냈는지 가감 없이 적는다. 내가 살아온 날들을 떠올리며 살며시 웃어도 좋다.

9. 적은 내용들을 다시 한번 보고 정말로 내 장점이 될 만한 요소들을 핵심 키워드로 뽑아내야 한다.

이 내용을 들여다보노라면, 내 백지는 나의 역사를 파노라마처럼 한눈에 보여줄 것이다. 그리고 현재 내 위치, 내 시점에 대해 더 명확히 알게 해주는 시간이 된다. 그냥 '이력서를 써야 하니까, 써내야만 입사 지원을 할 수 있으니까'하면서 이력서를 정형화된 틀에 갇힌 문장과 말들로 써 내려가기 쉽다. 하지만 이력서와 경력기술서는 간략하면서 핵심적인 단어, 문장을 통해 물 흐르듯이 자연스럽게 이어져 내려가는 모습이 되어야 한다. 그만큼 나를 정확하게 알고 있어야 상대방이 나를 더 잘 파악할 수 있기 때문이다.

⟋핵심 키워드를 나를 위한 단어, 문장으로 완성하라

백지 노트를 작성했다면 이제는 거기서 간소화 작업을 하고 필요 없는 문장, 키워드를 선별해야 한다. 선별된 키워드, 문장을 한 번 더 선별하고 나서 해야 할 일은 상대방이 봤을 때 아름다운 언어로 나를 포장하는 것이다. 그냥 일을 했다가 아니라, 어떤 일을, 어떻게, 어떤 방법으로 했는지에 대해 성과를 만들어

가야 한다. 사소한 일을 했더라도 어떻게 그 일을 했고, 내가 어떻게 기여했는지에 따라 써야 할 말들은 달라진다. 그저 사수의 일을 도와 했는데, "내 참여도는 작았지만 팀의 성과는 이렇게 되었다"라고 표현하는 것보다는 "내가 참여하고 일을 도와서 팀의 성과는 30% 향상된 실적을 낼 수 있었다", "여기서 내 기여도는 50% 정도로 핵심적인 역할을 했다"라고 말을 만들어 가는 기술이 필요하다.

내가 한 것이 없어 보이지만, "내가 기여하지 않았다면 30% 향상된 실적을 만들어 낼 수 없었을 것이다."라고 당당하게 생각하고 표현해야 한다. 거짓말이 아닌, 내가 한 일에 대해 강한 자부심을 표현 하라는 것이다. 여기서 키워드는 '내 기여도 50%', '팀 실적 30% 상승'이 될 것이다. 그러면 이 포인트를 잡고 내가 한 일들, 핵심적으로 한 일을 아름답게 써 내려가면 된다.

ex) "내 기여도 50%, 팀 실적 30% 상승"

팀의 ○○프로젝트 진행 시 내가 한 일에 대해 적고, 그 일을 어떻게, 왜 했고, 그것을 도움으로써 ○○실적이 되어 회사에서 팀의 성과급을 지급하였다.

✒ 성과는 반드시 수치화하라

앞의 '핵심 키워드를 나를 위한 단어, 문장으로 완성하라'에서

처럼 내 역사를 상대방이 역사책을 보듯 손쉽게 이해할 수 있도록 해야 한다. 연대별도 잘 작성하는 것도 좋지만, 이제는 목표 대비 성과에 대해 수치로 표현하고 정리하는 단계다. 그저 긴 문장, 단어로 표현하는 것은 지루하고 눈에 들어오지 않는다. 그래서 내 성과를 수치로 반드시 표현해야 한다. 영업 실적 목표대비 30% 상승, 6개 매장 특판 행사를 통해 3개 매장 목표 달성, 3개 매장 실적동결. 전체 매출 목표 150% 달성으로 영업매장 1위 달성. 이렇듯 수치화된 글을 읽으면 바로 눈에 들어오게 된다.

여기서 핵심은 내가 한 일을 남이 봤을 때 작은 부분이라도 내가 이렇게 했고, 실행한 일임을 밝히며, 그에 대한 성과의 자부심을 표현하는 것이다. 내가 한 일을 다른 사람이 대신 해보고 평가해줄 수는 없다. 오직 내가 만든 성과이고 그 성과를 나만이 자랑할 수 있기 때문이다. 그리고 그 자랑을 수치로써 만들고 자랑할 만한 결과로 포장해야 한다.

ex) 6개 매장 특판 프로젝트. 매출 30% 상승, 목표매출 대비 120% 달성.
 - 어떻게, 어떤 방법으로 매출을 달성했는지 서술.

나를 포장하는 것은 바로 나다

이렇듯 백지에 내 역사를 적어보고, 거기서 핵심적으로 한 일들을 뽑아내며, 그 일들을 통해 어떤 성과, 경험을 했는지를 파악했다. 그리고 그것을 어떤 방법으로 했고, 어떤 지식으로 내가 기여했는지에 대해 물 흐르듯이 써 내려가야 한다. 나는 성과가 없어, 수치화할 수 없는 회사·팀이야 하는 것은 변명에 지나지 않는다. 모든 일에 성과 없는 경우는 없다. 비록 지원 부서라도 성과는 어떤 식으로도 만들어 갈 수 있다는 것을 명심해라. 이는 백지 노트를 작성하다 보면 자연스럽게 발견할 수 있을 것이다.

여기서 중요한 점이 있다. 내가 지원하고자 하는 회사를 잘 분석하고, 그 회사 공고에 맞는 이력서, 경력기술서를 만들어 가야 한다. 바로 공고내용에 부합한 경력기술서를 만들어야 한다는 것이다. 공고에 보면 자격요건이 나와 있다. 자격요건에 맞는 기술서를 만들어야 한다. 그 기술서와 매칭되지 않은 다른 말들은 비중을 축소, 및 삭제를 해야 한다. 공고에 있는 요소에 대해 내 이력에 어떻게 매칭해서 써야 할지 생각해야 한다. 이렇듯 전체적인 내 역사를 어떤 방향으로 틀고, 장점을 그 회사의 자격요건으로 승화시킴으로써 경력기술서를 써야 한다는 뜻이다.

우리는 언제든 인터넷 세상에 물들어 있고, 정보가 혼재해 있다 보니 나의 정체성을 잃고 사는 경향이 있다. 잠시나마 나의 이력, 역사에 대해 고찰을 하고, 내 역사가 내 이력에 어떻게 그려지고 있는지 한 번쯤 생각해 보는 것도 좋은 시간이 될 것이다.

02 자기소개서는 나를 포장하는 기술이 필요하다

✐ 이력서는 나의 장점만을 위한 공간

이력서에서 경력증명서 만큼 중요한 것은 자기소개다. 경력직은 경력기술서 외에 자기소개를 작성해야 한다. 이는 내가 어떤 사람인지 자격증, 인성, 대외관계, 내 평가 등을 자연스럽게 적어도 좋다. 면접관은 자기소개서까지 유심히 들여다보지 못한다. 현업에 필요한 경력, 업무 지식을 중점으로 보기 때문이다. 하지만 자기소개를 작성할 시 조금만 임팩트를 준다면 시선을 집중시킬 수 있다고 본다. 그 시선을 사로잡을 포인트는 바로 과거의 나를 통해 현업에서 어떤 자세, 역할을 할 수 있을지 상상을 하게끔 해야 한다는 의미다. 나에 대한 호기심을 이끌어내어 나를 꼭 한번 봐야겠다는 인상을 남기는 것이다.

⌐내 인생을 요점 정리하라

1. 내가 취득한 자격은 인생에 또 하나의 성공

> 내가 소유한 자격증 : 1. 유통관리사, 2. 사회복지사 등등

"자격증을 왜 취득하게 되었는가? 취득 후 얻고자 하는 것은? 앞으로 내가 취득하고 싶은 자격증은?" 등등 3~4줄 정도로 서술형으로 풀어 써보자. 이 자격을 취득은 어느 시점에 했는지, 어떻게 시간 안배를 했는지, 어떤 목적으로 취득했는지가 핵심이 된다. 어떤 일을 도전한다는 것은 그만큼의 피와 땀을 흘렸을 것이다. 이는 내가 나를 위해 노력했다, 나를 업그레이드시켰다는 의미로 인식을 심어 줄 수가 있다.

2. 나의 MBTI 성향 - ESTJ형

MBTI검사 결과 난 ESTJ로 사업가형의 영업직의 직종을 추천받았다. 이는 외향적인 성향과 맞는 평가로 향후 업무에 이 성향이 귀사의 필요한 인력이 될 것임을 적극 어필해야 한다. MBTI 결과로 직무는 내 성향과 직종에 참조가 되지만 전적으로 맞춰서 일을 찾을 수는 없다. 난 ESTJ형이지만 현업은 I 성향의 업무를 하고 있다. 맞지 않는다고 보기보다 E성향의 기질이 I 성향의 일에도 장점으로 될 수 있는 부분이 반드시 있었다. 그리고 절충

하여 난 지금도 내 업에 잘 맞춰가고 있다.

3. 자전거를 통해 스트레스를 날려 버리다

뚜렷한 취미를 작성하면서 근성과 지구력을 겸비하고, 쌓이는 스트레스를 해소하여 업무에 매진할 수 있다는 자신감의 표현이 필요하다. 난 꾸준히 달리고 빠른 운동을 선호했다. 그래서 인라인스케이트, 자전거, 달리기 등 빠르게 움직이는 운동을 통해 내 건강을 챙겼고, 스트레스 해소를 했다. 자전거로 운동하면서 장점은 바로 손에서 휴대폰을 멀리한다는 것이다. 손에 닿지 않는 곳에 휴대폰을 넣고, 앞으로만 달렸다. 오로지 나와 자전거가 한 몸이 되어 목적지를 향해 가는 순간만큼은 내 스트레스를 모두 날려버리는 계기가 되었다. 이처럼 내가 집중해서 운동하고 있고, 이를 통해 스트레스를 해소한다는 인식을 심어줘야 한다. 회사 생활은 스트레스의 연속이다. 이를 어떻게 해소하고 극복하는지도 중요한 평가 요소가 될 수 있다.

4. 자산관리의 소중함

지금까지 일을 하면서 성실히 모은 경제력과 현재 내 자산의 흐름을 풀어내면서, 허튼 곳에 낭비하지 않고 반드시 필요한 곳에 소비하는 사람임을 표현해 보는 것도 좋다. 이는 내가 모은 재산에 대한 자부심으로, 이를 통해 자신감은 두 배 상승하게 된다. 그리고 이 자신감은 내 머릿속 복잡한 경제적 문제를 덜어냄으로써 다른 부분에 더 집중할 수 있게 된다. 소중한 내 재산을 어떻게 모으고 지켰는가도 내 장점이 될 수 있다.

5. 가장으로서 역할에 충실함을 더하다

혹시 결혼을 하여 가족의 가장으로서 직장 생활을 하고 있는가? 그러면 더더욱 이직은 신중하게 된다. 그리고 내 역할에 대해 책임감을 가지게 된다. 가정에 충실했을 때, 직장에서의 일도 성공적으로 할 수 있게 된다. 어느 한 부분을 소홀한 순간, 균형을 잃어버리게 된다. 가정을 잘 이끌어 가는 것과 회사 생활의 균형을 이뤄 나갈 때 비로소 나의 생활 리듬과 회사에서의 인정을 받게 된다는 것을 명심해야 한다.

⌐내가 할 수 있는 지식을 명확히 표현하라

지원하고자 하는 회사와 맡게 될 업무의 사전파악이 중요하다. 이는 상대를 집요하게 분석하고 고민해 봤냐는 것이다.

경력증명서에 있는 이력과 자기소개만을 제출했을 때와 지원 회사에 대해 연구하고 주변 시장 상황을 분석하여 내 생각을 펼쳐 보이는 것은 분명한 차이가 있다. 실제로 어떤 사람은 동영상 제작까지 해서 그 회사 면접 시 제출을 했다. 회사 홍보 영상, 그리고 제품에 대해 조사한 내용 중 강점을 영상화한 것이다. 노트북을 가지고 가서 면접 시 잠깐 시간을 할애하여 보여준 사례다. 결과는 바로 합격이었다. 내가 말하고자 하는 것은 '바로 상대를 정확히 파악한 뒤, 내가 당신 회사에 대해 이만큼 조사를 했고, 이 조사한 내용을 바탕으로 이렇게 운영해보면 잘 될 것이다.'라는 믿음을 줘야 한다는 것이다. 이렇듯 치열한 경쟁 속에서 남과 다른 행동과 기법을 활용해서 차별화시켜야 한다.

〈상대를 알면 절반은 성공〉
• 지원 회사에 대해 철저히 조사하라
• 지원 회사에 대해 내가 조사한 자료를 간단히 설명해라
• 지원한 분야 업무에 대해 내 비전을 제시하라

⟁ 사소한 일부터 큰일까지 모두 내게는 성과다

사소한 일도, 그저 스쳐지나가는 일도 가볍게 봐서는 안 된다. 이는 모두 회사와 일에 대한 나의 태도이고, 이를 통해 주변 인들이 나를 보는 긍정의 신호를 잡아야 한다는 것이다. 바로 사소한 일을 했을지라도 나는 성과를 냈다는 것을 표현해야 한다.

〈적극적 참여가 내 평판의 우선순위〉
• 사내 행사 시 행사 진행팀으로 자발적으로 지원하라

위 상황들은 내가 회사 내에서 어떠한 역할을 한가지씩 해야 한다는 것이다. 일만 한다고 해서 절대 내 이력이 좋아지지 않는다. 내가 어떠한 역할을 했고, 그 역할을 통해 회사에서 나를 찾

도록 만들어야 한다. 이는 바로 내 이력서의 한 페이지를 작성할 수 있는 도구가 되기 때문이다.

⤷내가 한 일은 누구보다 값진 성과다

경력증명 외 자기소개를 하면서 뻔한 스토리는 이제 버려야 한다. 나를 마케팅하듯, 나를 광고한다고 생각을 하고 작성을 해야 한다는 것이다. 과연 글로써, 종이에 어떻게 나를 표현할까? 고민을 많이 해봐야 한다. 경력과, 내 삶속에서 어떻게 경력을 만들어 갔는지를 머릿속에서 쏙 들어 갈 수 있게 작성해야 한다. 그래서 회사 내에서 내가 한 일은 나의 이야기이고, 곧 동료들과 함께 만들어간 역사이기 때문이다. 그 역사가 비록 반복된 일상의 소재라고 해도 그 속에서 내 역량과 작은 힘들에 대한 노고를 끄집어 내야 한다. 분명히 내가 참여했고, 한 일에 대한 성과는 반드시 있었을 것이 틀림없다. 적을 게 없다고 생각하지 말고, 작지만 한 일들에 대해 자부심을 가지고, 내가 한 일임에 대한 글을 멋지게 표현하자.

⤷나를 포장하는 기술이 필요하다

자기소개서에서 나를 포장하려면 다음과 같은 요소를 넣는 것이 좋다.

• 팀 전체의 성과에서 내가 기여한 일들을 핵심포인트로 성

과를 작성하라.

- 회사 내에 내가 꼭 필요한 사람이라는 것을 업무적으로 작성하라.

- 내 역할에 따라 조직의 성과가 어떻게 좌우되는지 작성해보라.

- 사소한 일 속에서도 반드시 내가 관여했기에 성과가 났는지 작성해보라.

- 내가 이 조직에 있음으로 인해 분위기가 어떠했는지 작성하라.

╱ 연봉 협상은 이렇게 하라

연봉을 어떻게 하면 잘 협상할 수 있을까? 삶과 직결되는 연봉을 어떻게 하면 내게 유리한 상황으로 이끌 수 있을까? 연봉은 과연 오르기만 하면 좋은 것일까? 아님 어느 정도 적정수준을 유지하면서 경력을 이어가게 하는 것이 내게 유리할지에 대해 생각해봐야 한다.

사원에서부터 과·차장급까지는 연봉의 고속도로를 달릴 것으로 보통 생각한다. 하지만 요즈음 대기업, 중견기업, 공기업을 제외하고는 그렇게 연봉의 변화를 체감할 수 없을 정도로 연봉의 크기는 줄어들고 있는 실정이다. 바로 세금과 물가 상승에 대한 체감이 커지고 자녀 등 지출비용이 늘어남에 따라 연봉은 그저 삶을 이어가는 데 있어 말 그대로 월을 살아가기 위한 '월급'

이 되어버렸다. 그러면 우린 직장 생활을 길게 하기 위해 어떤 방법으로 연봉을 협상해야 할까? 이 글에서는 특히 이직 시 연봉 수준을 결정하기 위한 방법을 알아 보고자 한다.

⚿욕심의 크기를 줄여라

성공적인 연봉협상을 위한 첫 번째 자세는 욕심의 크기를 줄이는 것이다.

코로나로 힘든 시기를 지나면서 참 어려움이 많았던 때를 보냈다. 경영이 악화되어서 부서를 통폐합시키고, 사업부를 정리하기도 하면서 한때 이직을 하고자 하는 사람이 많이 생겨나기 시작했다. 나 또한 이직의 흐름을 타고 새로운 직장으로, 한 부서의 총괄로서 이직을 하는 계기를 맞이하기도 했다.

나는 인생의 그래프를 그리면서 빠른 승진은 원하지 않았다. 적당한 시기에 적당한 담당, 팀장으로 천천히 가고자 했다. 그래서 직급에 대한 욕심은 많이 없었던 것 같다. 그리고 연봉 또한 욕심을 내서 많은 연봉을 받고 이전 회사에서 근무를 했었지만, 지금은 직장의 연속성이라는 명목하에 연봉을 양보하더라도 꾸준히 오래 근무할 수 있는 회사를 선택해서 일하고 있다. 내 머릿속에서 이직은 이제 현실이고, 할 수 있는 만큼 끝까지 해서라도 직장에서 목숨을 이어갈 생각이다. 늦었다고 생각되지만, 미래에 돌아보는 지금의 나는 젊고 또 젊은 사회인이기 때문이다. 스쳐 지나가는 사람들이 젊어 보이고, 나도 그런 때가 있었던가 생각되지만, 미래에서 되돌아 볼 지금의 나는 이제 시작하는 40 대 일꾼인 것이다.

내가 이렇게 말하는 것은 바로 직장의 징검다리를 건너는 데 욕심을 내서는 안 되기 때문이다. 내게 기회가 주어졌을 때, 그리고 내가 필요하다고 하는 기업이 있을 때 그 기회를 잡으라는 것이다. 비록 욕심의 크기가 작더라도 말이다. 그래야만 50대까지 직장을 다닐 수 있는 힘이 생기는 것이다. 빠른 승진, 돈의 큰 무게감을 가지고 있다면 요즘 세상에서는 마이너스가 될 수 있다. 하지만 욕심을 아예 버리라는 것은 아니다. 내가 만족할 만한 수준의 크기, 내 가족을 지탱할 수 있는 정도의 크기여야 한다.

✍ 욕심은 어느정도 크기여야 하는가?

그렇다면 욕심은 어느 정도 크기여야 할까? 요즘 직장인에게는 맞벌이가 안 되면 가정을 지탱하기 힘든 시기가 왔다. 그래서 조금이라도 연봉과 직장의 퀄리티를 높여 이직을 하고자 노력을 한다. 따라서 욕심과 내 자존심이 어느 정도의 허락하는 범위에서 직장을 선택하곤 한다. 하지만 말처럼 쉽게 구할 수 있는 곳이 아니라는 것을 명심해야 한다.

현재 내가 얼마를 받고 있고 앞으로 목표가 어떻게 되는지 설계를 잘해야 한다. 그리고 앞으로 목표를 향해 어떻게 준비하고 실행하고 있는지 스스로 잘 평가해야 한다. 연봉은 실제로 삶의 경제적 수준와 직결되기 때문에 가정에 최소한의, 그리고 최대한 가져다줄 수 있는 돈을 유지해야만 한다. 가정을 유지해야 하는 정도의 금액은 반드시 확보하는 선에서 연봉협상을 해야 한다. 하지만 상황에 따라 그렇게 안 되는 경우가 더 많을 수 있다. 수년째 연봉이 동결되어 같은 급여를 받고 있다든지, 다니던 회사가 부도가 나고 폐업을 함에 따라 연봉의 크기가 줄어든 사례 등 우리는 누구나 한 번쯤 이런 시기를 보내게 되어있다.

현재 나는 아니겠지 하는 순간 내게 닥칠 수 있는 위험이라는 것을 명심해야 한다. 그래서 우리는 삶의 경제적 크기 즉, 연봉을 협상할 때는 내 삶과 나의 가족에게 경제적으로 부족함이 없을 정도의 급여를 유지할 수 있도록 반드시 노력해야 한다. 한 가족을 책임지는 사람이라면 이 연봉을 내 위기의식 중 최고 우선순위에 두고 합리적으로 챙겨야 한다. 어느 사정에 의해 그 크기가 줄어듦이 있다면, 추후 올릴 수 있는 계기를 반드시 마련해서 떳떳한 가장으로서 역할을 다해야 한다. 그렇지 못하고 아래로만 내려가는 모습을 보여서는 절대 안 된다.

직장인으로서 직장의 끝이 얼마 남지 않았다 할지라도 내 역할을 다하고, 내 가족이 힘들어하는 모습을 절대 보여주어서는 안 된다. 내적 욕심을 가지면 더 크게 누리고자 하겠지만, 사회·직장인으로서의 욕심은 가정, 가족이 중심이 되어 그 경제적 크기가 영속성 있게끔 해야 한다는 것이다. 당장 내일 나락으로 떨어지는 일은 없어야 하며, 불만, 불화로 인해 회사를 나와야 하는 일도 당연히 없어야 한다. 단, 현재 내 상태, 내 가치가 떨어지지 않게끔 유지하면서 내가 받을 수 있는 최대치의 연봉을 받기 위해 노력해야 한다. 비록 연봉이 오르지 않거나 중간 선에 머문다고 해도 한 가정을 지키는 데는 문제 없을 것이다. 바로 직장인으로서 일할 수 있는 최대기간 동안 꾸준한 매월을 유지할 수 있는 수퍼맨, 워킹맘이 되어야 한다.

⌒ 연봉은 협상력에 달렸다

그러면 연봉 협상 시 어떻게 하면 내게 유리한 상황으로 만들수 있을까? 연봉이 오르는 것도 참 힘들지만, 연봉은 한순간에 내려가기도 한다. 이를 다 경험한 나로서는 앞으로 연봉협상 시어떻게 말을 해야 할지 이제는 알 것 같다. 위에서 말한 것처럼욕심의 크기를 줄이면서 내가 취할 수 있는 것들을 취해야 한다. 협상의 화법에 따라 따라서 몇 달, 1년 후 내 연봉은 숫자를 달리할 것이다.

나는 직장을 옮기면서 연봉을 큰 단위로 올리지는 못했다. 하지만 나는 연봉을 올릴 때 여운을 남기면서 협상을 한 적이 있다. 이건 시기도 맞았었지만, 나를 사용하기로 한 회사에서도 약속을 지켜주었기에 가능한 일이었다고 생각한다. 9월에 입사 시연봉을 5%를 요청했다 하지만 회사에서는 당해연도 3%, 내년초 3%로 협의 요청이 들어왔다. 당해연도에 5% 인상은 힘들다는 것이었다. 그래 난 3%+3% 분할 인상에 대해 합의를 했다. 이때는 내가 대리에서 과장으로 가는 길목에서 성장세에 있던 상황이었다. 이건 쉽지 않은 협상이었고 실제로 그렇게 해주는 회사는 찾아보기 힘들었을 것이다. 이는 그 회사가 나를 사용하고자 하는 의지가 강했기에 가능했을 것이라 생각한다.

이건 잘된 사례로, 내게는 내 가치를 인정받으며 일에 매진할 수 있었던 계기가 되었다.

내가 원하는 것이 있다면 과감해져도 좋다. 하지만 그 과정이 겸손을 표현하면서 내가 실질적으로 원하는 것을 드러내야 한다는 것이다. 너무 저돌적으로 하지 말고, 내가 얻는 게 있고, 양보하고 내어 주는 것이 있다면, 반드시 내가 원하는 것을 상대방도 내게 줄 수 있게끔 만들어야 한다. 비록 연봉만이 아니더라도 회사에서 내가 얻을 수 있는 것은 모두 내가 하기 나름에 달렸다는 것을 명심하기를 바란다.

✐ 내가 회사를 위해 기여한 것에 대한 요구는 반드시 하라

연봉의 크기는 욕심을 내지 않으면서 추후 내가 얻을 수 있는 것에 대해서는 반드시 내게 주게끔 만들어야 한다. 지금 사회는 직장인으로서 살아가기엔 너무나 빠듯한 삶의 연속이 되고 있다. 여기서 우리는 조금이라도 연봉이 인상되기만을 바라고 이직을 통해 연봉을 업그레이드 시키려고 혈안이 되어있다. 지금 어린 친구들이라면 내 실력을 멋지게 키워서, 연봉 베팅을 해볼 수 있을 것이고, 이게 근본이 되어 추후 높은 직급으로 갈 때 내

칼자루가 될 것이다.

초반에 대리, 과장급에서는 반드시 한번에서 두 번의 배팅이 필요하고, 그 이후 과장 중후반 차장급부터는 그 크기를 유지하거나 속도를 조절할 필요가 있다. 그리고 나서 부장급으로 갈 때 우리는 크게 한번 배팅을 하고, 그 연봉이 내 가정에 활력소를 불어 넣어줘야 한다. 내가 생각하는 속도에 지금 나는 맞춰져 가고 있다고 생각한다.

현재 이 글을 쓰고 있는 나는 잠시 숨을 죽이고 있다는 표현을 쓰고 싶다. 추후 2번째 책이 나왔을 무렵엔 난 부장급 이상으로 책을 집필을 하고 있는 꿈을 그리고 있다. 지금은 평행선을 달리고 있다고 자책하지 말자. 사람은 언제나 평행선, 내리막을 걷지 않는다. 높은 곳을 향해 꿈을 꾸고 그 꿈의 크기를 늘리다 보면 어느 순간 내 위치와 경제력이 남들 위에 서 있을 것이다. 그리고 회사에 당당히 내 가치와 몸값에 대해 요구하라. 15년 이상의 노하우는 그냥 만들어지지 않는다.

〈연봉 협상 팁 5가지〉

1. 욕심의 크기를 줄여라.

2. 협상은 내가 한만큼 할 수 있다.

3. 평행선은 지속되지는 않는다. 반드시 올라간다.

4. 내리막길이 있으면 반드시 올라가는 길을 걷게 된다.

5. 꿈의 크기를 높게 세워라.

우리는 헤드헌터를 어떻게 생각하고 접근해야 할까? 내가 경력이 짧아서 과연 헤드헌터분께 의뢰를 할 수 있을까? 처음엔 어떻게 내 이력을 공개하고 의뢰를 해야 하는지 막막할 것이다. 헤드헌터분들은 의뢰한 회사가 원하는 인재를 추천하고 성사시키기 위한 마케팅을 해주는 고마운 분들이라고 생각한다. 그리고 그분들도 그에 대한 보상이 이루어지는 상생구조를 가지고 있다. 그러면 어떻게 헤드헌터분들을 인식하고 의뢰해야 하는지 알아보자.

↗헤드헌터는 상생 협력자

우리는 내 이력이 어떤지 누군가에게 평가를 받고 싶을 때가 있다. 그리고 내 이력으로 이직을 할 때 경쟁력이 있는지 점검받고 싶지만 그럴 여유도 없을 것이고, 피드백을 받을 사람도 찾기 힘들 것이다. 이때 내 이력을 의뢰하고 내 경력을 원하는 회사에 매칭되도록 중간다리 역할을 해주는 분들이 바로 헤드헌터이다.

여기서 중요한 건 내 이력을 탄탄하게 만들었다면 헤드헌터 분들도 더 강하게 마케팅할 수 있고 추진할 수 있는 힘이 된다는 점이다. 하지만 내 이력을 짧고 조금은 부족하게 만들었다면 그만큼 추진하는 힘은 떨어질 수밖에 없다.

헤드헌터들은 모든 상황에서 유리한 조건, 여건을 만들어 의뢰회사에 적합한 인재를 추천한다. 내 기본 이력서에서 부족한 부분, 의뢰회사에 좀 더 어필할 수 있는 내용을 첨삭해주기도 하고, 경력상 지워야 하는 부분에 대해서도 과감하게 지도를 받을 수 있다. 헤드헌터들과 간결하고 핵심적인 소통을 통해 우리는 나를 원하는, 내가 원하는 직장으로 이직을 할 수 있게 된다.

✐ 외부 조력자의 도움은 반드시 필요하다

회사와 헤드헌터 간에는 회사가 원하는 좋은 인재를 잘 선별해주고 그 선별한 인재를 채용해 회사가 성장하는 것이 목표다. 의뢰하는 회사가 원하는 인재상은 헤드헌터들이 더 잘 파악하고 있다. 그래서 수많은 이력서와 수많은 네트워크로 사람을 찾고 선별하게 된다. 그중 선별된 최적 인재를 찾아 의뢰회사에 추천을 하게 된다. 이렇듯 헤드헌터분들를 통해 지원하게 된다면 합격 확률을 누구보다 높아질 것이라고 생각한다.

그래서 내가 생각하는 외부 조력자는 내 가족, 지인, 회사 동료가 될 수 있지만, 사회에서의 비즈니스 조력자는 헤드헌터분들이라고 생각한다.

스스로 회사를 찾는 데는 한계가 있다. 시야가 좁기 때문이다. 하지만 헤트헌터분들은 회사 전체를 보고 동향을 파악하며, 인재풀을 확보하면서 의뢰회사가 언제든지 요청하면 바로 응답하는 시스템이 구축되어 있기 때문이다. 이 시스템을 잘 활용하기 위해서는 위에서 말한 대로 내가 사회적 위치와 내 경력을 잘 만들어 가고 있어야 한다. 내가 뒤로만 가고 있는데 절대 헤드헌터들이 나를 추천해주지는 않을 것이다. 내가 잘되고 있고 앞으로 나아가는 모습을 보일 때, 그 부분은 바로 내가 탄탄한 경력을 만들어 가고 있다는 증명이 될 수 있다. 이때 비로소 나는 이직의 시장에 나를 던질 수 있고, 내 이력을 당당히 오픈하여 나를 원하는 회사에 추천받을 수 있는 것이다. 스스로 강해지고 앞으로 나아가는 모습을 헤드헌터와 소통하며 나를 마케팅할 수 있는 기회를 주어라. 그러면 이직의 문은 자연스럽게 열릴 것이다.

✐헤드헌터는 이럴 때 최고의 빛을 발한다

요즘 회사는 구직사이트를 통해 지원을 많이 받고 있다. 그리고 주변인 추천을 통해서도 사람을 구하고 있다. 하지만 한목소리로 나온 말은 "맞는 사람이 없다. 사람은 많은데 회사와 맞는 사람인지 확인할 방법이 없다"라는 것이다. 그리고 헤드헌터분들에게 의뢰를 한다고 한다. 우선 구직사이트, 추천을 통해 인재를 찾고, 미팅을 하고 나서 적합한 인재가 없다고 생각될 때 헤드헌터의 인프라, 네트워크를 통해 추천을 받고 있다고 한다.

여기서 헤드헌터의 인재풀과 사람 보는 안목 등 회사에 최적 인재를 추천하게 되고, 이를 통해 회사는 원하는 인재를 찾게 되는 것이다. 아무리 사람이 많고 일할 사람이 넘친다 해도 적합하지 않은 인재를 채용하면 나중에 더 큰 손실로 다가오게 된다. 하지만 그래도 선별하고 또 선별한 인재는 적합할 확률이 60% 이상을 넘길 수 있다는 것이다. 헤드헌터들도 사람을 추천함으로써 의뢰회사에서 수수료를 받는 구조임에 따라 헛된 발걸음을 하지 않을 것이다. 이게 바로 상생구조로서, 우리는 서로가 원하는 것을 쟁취할 수 있는 구조가 만들어지는 것이다. 헤드헌터들의 수고와 우리의 노력이 함께 한다면 서로가 빛날 수 있는 이력을 만들어 갈 수 있을 것이다.

✐나를 맡기고 마케팅 해주는 최고의 조력자 : 나를 시장에 오픈할 타이밍이 중요하다

앞에서 언급했지만, 이직의 최고 조력자는 바로 헤드헌터분들이다. 그러면 우리는 언제 나를 시장에 오픈해야 할까? 헤드헌터들에게 언제 나를 오픈해야 나를 조력할 수 있는 최적의 타이밍을 만들 수 있을까? 이는 바로 위에서 말한 대로 내가 성실하고 회사에 적응 잘하면서 성과도 만들어 가며, 한 회사에서 그래도 2~3년은 꾸준히 다니고 있을 때 시너지 효과를 발휘할 수 있을 것이라고 본다.

2~3년 잘 다니고 있는데 왜 의뢰를 해야 하는지 의문이 들 수 있다. 내가 생각하는 이유로는, 한 회사에서 우물을 파고 충성을 하지 않을 것이라면 이직을 통해 다양한 회사, 사람, 문화를 경험 해볼 필요성을 들고 싶다. 예를 들어 2~3년이지, 그 이상 한 회사에서 다닌다고 해서 안 된다는 것은 아니다. 그 회사에서 더 높이 올라갈 수 있다면 그렇게 해도 좋다. 하지만 그렇지 않고 직장 생활의 목표를 잡고 이직을 하면서 내 가치를 올린다고 생각한다면 과감하게 옮기고 내 이력을 당당하게 오픈하기를 바란다.

여기서 나를 조력해주는 헤드헌터분들을 꼭 함께해야 한다고 말하고 싶다. 내가 옮기는 회사. 내 경력을 외부에서 주시하면서 타 회사에서 의뢰가 들어오는 타이밍에 나를 추천해 줄 수 있기 때문이다. 그래서 헤드헌터 한두 분은 내 직장 생활에서 꼭 같이할 분들로 찾았으면 한다. 이는 내 직장 생활 최고 조력자임에 틀림없기 때문이다.

〈헤드헌터와 소통라인 구축〉

1. 헤드헌터는 내 직장 생활의 최고 조력자다.

2. 내가 탄탄한 경력을 만들어야 헤드헌터로부터 최고의
   서비스를 받을 수 있다.

3. 서로 상생하는 구조의 최고 협력자다.

4. 직장 생활에서 한두 분의 헤드헌터들과 유대관계를
   만들어라.

5. 이직은 혼자 하는 게 아니다. 핵심 조력자분의 도움을
   청하라.

6. 전화만이 아닌, 직접 만나서 나를 알려라.

취업구직사이트는 이렇게 활용하라 05

우리는 취업사이트를 통해 공고를 확인하고 지원을 하고 있을 것이다. 이직을 하고자 마음먹었다면 누구나 취업사이트에 들어가 내 이력서를 올려놓고 언제든 이력서를 제출할 기회를 찾고 있을 것이다. 우리가 여기서 해야 할 일은 바로 꾸준한 업데이트와 내 이력을 신선하게 만드는 것이다. 그래서 내 이력서를 노출시키고 내 이력이 매력적으로 보일 수 있게 해야 한다.

✎ 구직사이트의 양식 외 내 이력서, 포트폴리오를 준비하라

구직사이트에 맞는 이력서 작성은 기본적으로 하게 되어 있다. 하지만 난 한 개를 더 준비해야 한다고 생각한다. 바로 나를 알리는 1페이지 PPT, 그리고 나만의 자유롭게 쓰인 이력서가 있어야 한다고 생각한다. 누구나 같은 이력서 양식을 보다 보면 인사담당자가 봤을 때 식상할 수 있다. 그래서 한 가지 더 나를 알리는 도구가 필요하다고 생각하고 준비를 했다. 제출해서 안 보면 어떻게 하지? 이런 걱정보다면 나를 알리는 마케팅페이지를 전달한다고 생각하고 만들고, 제출 시 첨부를 하기 바란다.

여기서 중요한 건 지원하고자 하는 회사의 공고에 부합하는 내용을 작성하는 일이다. 나를 장황하고 멋지게 꾸밀 것이 아니라, 지원하고자 하는 회사의 구인공고에 부합하는 내용으로 만들어 제출해야 한다. 그러면 이건 맞춤형 PPT, 이력서가 되어야 한다는 것이다. 똑같은 이력서, 내용을 누구나 같이 제출하는 일은 하지 않았으면 한다. 아래 내가 작성한 PPT를 보자. 내가 자랑할 만한 이력을, 아주 간결하고 핵심적인 노하우가 있다는 것을 적어야 한다. 그리고 나를 궁금하게 만들고, 나를 보고 싶은 마음이 들게 해야 한다.

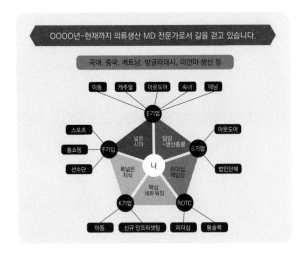

✍ 구직사이트엔 그 회사 인사담당자 정보가 있다

구직사이트에 보면 지원 방법이 있다. 그 사이트를 통해 지원, 링크를 통해 자사홈페이지에 지원, 이렇게 두 가지로 지원을 할 수 있게 되어 있다. 여기서 또 하나의 팁이 있다면, 바로 구직사이트 내 구인공고란에는 지원 회사 인사담당자 연락처 및 이메일 주소가 있다는 것이다. 명시를 해 놓지 않은 사이트도 있다. 사이트를 통해 지원을 해야 하지만, 난 인사담당자에게 그 회사를 꼭 들어가고 싶다는 메일을 쓰고, 이력서를 첨부하는 것도 좋다고 생각한다. 그만큼 강한 의지를 보여 줄 수 있다고 생각하기 때문이다. 용기 있는 사람만이 내가 원하는 것을 얻을 수 있듯이, 회사도 마찬가지라고 생각한다. 그래야만이 후회가 없고 내가 할 만큼 했다는 자신감을 얻을 수 있기 때문이다. 지원하고 기다리기만 할 것이 아니라 내가 먼저 나를 어필할 수 있는 방법을 모두 동원하기를 바란다.

✍ 구직사이트는 정보의 창고

과거에 비해 구직사이트가 정말 많이 운영되고 있다. 이 구직사이트들의 특장점을 살펴보자. 우리나라의 대표 구직사이트인 잡코리아, 사람인, 인크루트는 초창기에 생겨난 사이트로써 그만큼 많은 회사와 연계되어 활발하게 운영되고 있다. 기존 40대 직장인들한테는 너무나 익숙한 사이트일 것이다. 그리고 우리는 이 사이트에 누구나 한 번쯤 이력서를 올리고 구직을 해본 경험이 있다.

이외에도 직장을 다니면서 각 직업군별로 보다 보면 특정 직업군만을 위한 구직사이트가 또 존재한다. 패션을 예를 들자면 패션스카우트가 있다. 여기는 패션기업만 구인공고가 올려져 있고, 패션인이라면 알고 있는 사이트다. 나도 여기를 통해 이직에 성공한 경험이 있다. 내 이력서 검색을 통해 나를 컨택하고 인터뷰를 진행하게 되었고, 그 회사에 이직을 하게 된 사례가 있다. 이렇듯 전문인력을 구인하는 사이트는 해당 인력을 잘 연계하여 사용할 수 있는 이점이 있다.

현재 직장인들이 많이 활용하는 구직사이트는 다음과 같다.

• 잡코리아

우리나라 취업사이트 중 우선순위 있는 사이트로 취준생이 가장 먼저 찾는 사이트 중 하나이다. 정말 많은 기업들과 연계되어 가장 많은 구인공고를 찾아볼 수 있다는 장점이 있다.

• 사람인

잡코리아와 더불어 최고 선호도를 보이고 있는 사람인은 이력서를 업데이트 하면, 헤드헌터, 회사에서 나의 이력서를 보고 제안이 들어오는 편이 높은 장점이 있다.

• 워크넷

고용 노동부에서 운영하는 사이트로서 구인공고뿐만 아니라 직업소개, 전망 등을 확인할 수 있고, 진로적성검사를 할 수 있어 나를 진단할 수 있다는 장점이 있다. 정부 지원과 다양한 기관들과 연계됨으로써 향후 직업에 대한 정보를 얻을 수 있다.

• 잡플래닛

여기는 회사의 리뷰와 평점을 가장 잘 볼 수 있는 사이트로, 이직을 하려는 회사의 정보를 가장 많이 볼 수 있는 장점이 있다.

✍ 이력서를 주기적으로 업데이트 하라

이력서는 한 번 작성하면 끝이 아니다. 내가 앞으로 가고자 하는 방향의 회사에 적극적인 자세가 필요한 것이다. 가령 헤드헌터가 지나가면서 내 이력서를 클릭해서 적극적으로 마케팅을 해줄 수 있을지 아무도 모른다. 6개월, 1년 전 이력서를 그대로 둔다면 식상하고 신선하지 못한 이력서가 되기 때문에 나의 이력을 업데이트한다는 생각으로 시기를 정해놓고 이력서를 새롭게 작성하기를 바란다. 누구도 나의 이직, 나 앞날을 챙겨 주지 않는다. 내가 찾아보고, 내가 작성하고, 내가 개척하지 않으면 내 앞길을 열 수 없을 것이다.

✐ 취업사이트를 내 것으로 만들어라

여러 취업사이트에 이력서를 업데이트한다면 참 힘든 일이 될 수 있다. 여기서 중요한 건 취업사이트도 내게 맞고 익숙한 곳을 선택해서 꾸준히 관리하는 일이다. 주력으로 활동하는 구직사이트를 만들고 거기에서 얻을 수 있는 공고, 정보를 최대한 활용해야 한다. 내가 원하는 기업, 공고를 등록해두면 알람을 해주는 기능이 있다. 그 기능을 잘 활용하고 수집해서 내게 적합한 회사, 공고를 스크랩 해둬야 한다. 그리고 그 스크랩된 정보를 내가 잘 알 수 있는 곳에 기입을 해둬야 한다. 회사의 공고 기한은 정해져 있고, 그 기간을 넘기는 순간 내 기회는 사라지기 때문이다.

예전처럼 다이어리에 빼곡히 적어 두지 않더라도 그 사이트에서 내가 스크랩하고 기록해 둘 수 있는 곳이 있다는 것을 알아야 한다. 이직을 원하고 내가 정보를 찾을 때 중요한 건 오로지 나만의 공간, 나를 방해하지 않는 공간에서 이뤄져야 한다는 점이다. 이 또한 집중을 하지 않고 클릭만으로 읽고 넘어가면 정독을 할 수 없고 제대로 된 정보를 습득할 수 없다. 너무나 많은 회사, 공고에 파묻혀 빠르게 보고 넘어가지 않았으면 한다.

✐ 내가 인사담당자라고 생각하고 구직 활동하라

취업사이트의 공고와 지원 자격을 유심히 봐야 한다. 내가 대상자도 아닌데 지원하는 경우도 발생하기 때문이다. 내가 일한 분야와 유사해서 지원을 했지만, 자세히 보면 나이 제한이 있을 수 있고, 직급이 낮거나 높을 수도 있다. 상대의 의도, 상대가 원하는 인재상, 공고에 내가 과연 적합한지 그렇지 못한지 판단하고 지원해야 한다.

구인하는 사람이 원하는 것이 무엇인지, 어떤 사람을 원하는지 공고를 잘 분석하고 지원하자. 그리고 위에서 말했듯이 인사 담당자의 이메일을 통해 이력서를 넣어도 보고, 문의 사항도 올려보기를 바란다. 자신있게 도전하는 사람한테 떡 하나를 더 주지 문전박대를 하지 않을 것이다.

✐이직은 정보싸움이 승리를 좌우한다

이직은 바로 정보싸움이다. 취업사이트의 정보력, 지인들의 추천, 정보의 제공을 통해 우리는 이직을 위한 정보를 얻는다. 저자도 이직사이트를 정말 많이 돌아다녀 보고 이직을 위해 정말 고생을 많이 한 경험이 있다. 매일 취업사이트에 들어가서 정보를 얻고, 지원하는 회사에 대해 조사하고 기록하면서 잘 될 것이라는 자신감을 가지고 준비했었다.

인터넷상에는 정말 너무 방대한 정보가 있어 그 모든 것을 내가 흡수하기에는 한계가 있다. 취업사이트는 당연히 정보를 찾는 데 집중해야겠지만, 경력자들의 명심해야 할 중요한 이직 포인트 하나는 바로 '사람'이 정보 제공자로서 가장 정확하고 확실한 정보를 가지고 있다는 사실이다. 그리고 그 정보를 습득한 다음은 바로 실행을 통해 바로 지원할 수 있는 준비가 되어있어야 한다. 자리가 났다고 하는데 이력서를 다듬고 고민하느라 시간을 보내는 일을 없어야 한다. 바로 헤드헌터, 지인, 공고를 통해 남보다 먼저 지원해서 나를 채용할 수 있도록 최선의 노력을 다해야 한다. 여기서 핵심은 모든 정보력을 동원하되 실시간으로 지원할 수 있는 준비된 자세가 필요하다는 것이고, 나에게 정보를 제안해 줄 수 있는 조력자가 반드시 있어야 한다는 것이다.

면접 시 내 소개를 핵심 한 문장으로 각인시켜라 06

⤴경력직의 면접은 '여유와 자신감'

경력직의 면접에서는 핵심은 바로 자신감 있는 태도와 내가 가진 장점을 극대화시켜야 한다는 점이다. 회사가 원하는 지원 공고에 맞는 장점들만을 모아 대답하고 당당히 해낼 수 있다는 확신을 시켜 줘야 한다. 지나치게 당당하라는 말은 아니지만, 적당한 겸손의 언어와 부드러운 화법으로 물 흐르듯이 대답을 이어가야 한다. 그리고 상대의 눈을 보고 내가 당신을 존경하고 당신이 원하는 대로 내가 확신을 가지고 이야기한다는 인식을 심어줘야 한다. 이렇게 할 때 비로소 여유와 자신감은 나의 장점으로 보이게 될 것이다.

⤷경력직의 첫 자기소개를 준비하라

처음 만나는 사람이라면 반드시 명함을 내밀고 자신을 소개하게 되어 있다. 경력자의 면접도 마찬가지다. 이력서를 미리 전달해서 나에 대해 알고 있겠지 하고 내 소개를 너무 짧게 하거나 너무 장황하게 해서는 안 된다. 자기소개는 나는 이런 사람이고, 당신 회사에서 나는 이러한 사람이 될 수 있다는 핵심 문장으로 표현해야 한다.

제3자가 되어 나를 바라본다고 했을 때 '과연 나는 어떤 언어, 어떤 표정으로 말하고 있을까? 내가 나를 평가한다면 몇 점이나 될까?' 이 부분도 항상 고민해야 한다. 내가 이력이 좋고, 상대 회사에서 뽑을 만한 사람이라고 생각해서 자기소개를 잘못하거나, 예상 질문들에 대해 잘 대처하지 못한다면 면접의 점수가 떨어질 것이다. 그리고 그 회사에서 탈락할 것이 분명하다. 이력이 좋지 않더라도 '나 이런 사람이고, 내가 당신 회사를 분석해서 공부해 봤는데 내가 이런 부분에서 기여를 할 수 있겠다'는 자신감을 보여준다면 그 사람의 미래를 보고 면접에서 합격할 수 있을 것이다. 첫 자기소개, 시선 처리, 여유 있는 당당함으로 경력직의 자기소개를 준비해보라.

⤷상대를 파악하고 평가한 부분을 말해라

내 이력서와 경력기술서를 보다 보면 쭉 읽고 문맥상, 스토리상 맞는지 확인할 것이다. 그리고 맞다면 지나칠 것이다. 여기서 내가 면접관이라고 생각하고 반문해야 한다. 과연 그 프로젝트를 성공시켰다면 어떻게 성공시켰는지. 어떤 성과로 회사에 기여했는지 역으로 자문자답을 해봐야 한다. 내가 경력기술서상 질문이 될 만한 것들을 뽑아보고 그 요소별로 어떻게 성공시켰고 어떤 기여를 했는지 답을 써야 한다는 말이다. 그게 예상 질문이 될 수 있고, 내가 했던 일들을 구체적으로 머릿속에 정리할 수 있는 계기가 될 것이다.

그리고 중요한 건 내가 상대 회사에 대해, 그 회사의 제품에 대해 얼마나 알고 있느냐가 될 것이다. 나는 지원부서니까 관계 없는 일은 안 해도 된다는 생각은 접어야 한다. 회사의 제품을 써보고 그 기능성을, 옷이라면 착용감이 어떠했는지를 면접 시 이야기해본다면 호감도와 회사의 애착도 점수에 플러스가 될 것이다. 회사는 제3자의 시선으로 자사의 제품을 평가해주고, 개선사항을 듣기를 원한다. 그 원하는 부분을 살짝 말해주고, 당신의 회사에서 내가 할 수 있는 이러이러한 부분이 있음을 짚어 준다면 면접의 점수는 올라갈 것이다.

⌁시선처리로 상대를 케압하라

내가 정말 귀에 쏙쏙 들어오는 명강의를 듣고 있다고 생각해봐라. 그리고 내가 강사가 되어 맞은 편에 있는 사람들에게 강의를 한다고 생각해보라. 면접도 이렇게 생각하면 좀 더 가까이 다가갈 수 있고 더 준비를 체계적으로 잘할 수 있을 것이다. 이때 내 시선들, 교육생의 눈은 어떠할까? 난 어떤 학생에겐 눈을 마주치고, 어떤 강사에게 눈을 떼지 못하고 바라만 볼까? 이를 위해서는 면접관이 나를 매력적으로 봐주게끔 만들어야 한다. 또 강사라면 강의 동안 아이컨택을 자주하는 학생에게 더욱 집중해 수업을 진행하게 될 것이다.

그렇다고 뚫어지게 쳐다보라는 말은 아니다. 어느 정도 내가 너를 신뢰하고 있고, 내가 신뢰함으로써 당신도 나를 신뢰할 만한 자세와 시선을 느끼게끔 해야 한다는 것이다. 말하는 동안 아래, 위, 옆으로 시선을 돌리고 집중력과 시선을 흩트리게 하면 자신감이 떨어지며, 호감도도 하락하게 될 것이 분명하기 때문이다. 면접관이 물어보는 동안 집중해서 바라보고, 내가 대답을 할 때는 한 템포 쉬었다 면접관을 바라보며 질문에 대답을 해야 한다. 면접관이 두 명이라면 한분 한분 교차하여 보면서 말을 해야 한다. 나는 두 분 모두에 대해 내 의견을 잘 전달하고 있다는 인식을 심어줘야 하기 때문이다. 이는 눈을 통해 상대의 상태와 마음을 읽을 수 있는 가장 기본적인 평가가 된다.

✍ 적당한 목소리 톤과 강·약의 힘을 조절하라

면접 시간 전에는 몸과 마음이 살짝 긴장된다. 그러면서 입 주변의 근육도 위축되기 때문에 면접 전 긴장을 푸는 연습을 해야 한다. 어떻게 보면 태어나서 처음 보는 사람이 앞에 있는데, 긴장 안 되는 사람이 없기 때문이다. 내 몸과 마음의 심리적 긴장감을 풀어주는 것이 좋다. 가령 물을 한잔 마시는 경우도 있고, 입 주위 근육을 풀어주는 마사지를 해도 좋다. 그럼으로써 목소리가 작게 나오는 것을 방지할 수 있다.

첫인사와 자기소개를 시작할 때의 목소리가 나의 첫인상의 50%를 평가한다고 할 수 있다. 사람은 눈으로 보는 것보다 귀로 듣고 눈으로 보는 것이 더 기억이 잘 된다고 한다. 읽고 지나가는 것은 뒤돌면 잊히기 마련이기 때문이다. 그래서 긴장되더라도 내 첫 소개의 목소리는 한결같이 당당하고 소신 있게 시작해야 한다. 긴장으로써 위축되는 일을 절대로 없어야 한다.

그리고 중요한 일, 내가 정말 이것만큼은 나를 알려야 하겠다고 생각하는 말은 살짝 톤을 올리고 내림으로써 강조를 해야 한다. 그저 묻는 말에 대답하고 서술형으로 말하다 보면 상대는 싫증을 낼 수 있다. 정말 강점, 내세울 수 있는 부분은 반드시 강조의 목소리를 내고, 끝맺을 때도 명확히 하기를 바란다. 명확히 하지 않는 말은 끝을 흐릴 수 있다. 그러면 톤도 작아지고 자신감도 떨어져 보일 것이다.

✎ 마지막 한마디에 나의 매력을 다시 한 번!!

면접의 끝은 항상 똑같다. 회사에 대해 질문하고 싶은 게 있는지를 꼭 물어본다. 이때는 과연 어떻게 해야 할까. 저자는 지원하는 회사에 대해 꼭 3가지를 가지고 간다. 내가 지원하는 공고의 팀의 구성원이 몇 명인지. 두 번째, 내가 합격하게 된다면 어떤 포지션에 자리하게 되는지, 세 번째, 회사가 앞으로 어떤 비전으로 나아가고 있는지. 이렇게 3가지를 물어보곤 한다. 이는 내가 회사에 대해 어떤 관심이 있고 비전에 내가 동참하고 싶다는 의도로 내비칠 수 있다.

질문이 끝나고 나면 마지막 멘트를 놓치지 않고 한다. 내가 지원하고자 하는 회사에서 함께하게 된다면 회사의 목표와 방향에 맞춰 기여할 수 있고, 회사의 비전에 동참해보고 싶다는 것을 말한다. 시기와 타이밍에 맞아야 말할 수 있기에 순간을 잘 포착해야 한다. 내 말 한마디가 어떠한 상승 요인이 될지 아무도 모른다. 하지만 내가 면접관이고 내가 채용담당자라고 생각했을 때 호감도를 보이는 사람과, 그냥 질문도 안 하고 묻는 말에만 대답하는 사람 중 고른다면 호감도를 보이고 면접에 최선을 다하는 사람을 선호할 것이다. 항상 내가 나를 평가한다고 생각하고 상대를 마주하기를 바란다.

〈면접 시 알아야 할 핵심 키워드〉
1. 시선처리는 부드럽고 상대를 신뢰하는 눈빛으로
2. 자기소개는 나를 평가하는 첫 관문이다.
3. 긴장을 풀 수 있는 나만의 노하우를 찾아라.
4. 마지막 질문을 반드시 준비해라.
5. 여유와 당당함으로 나를 매력적이게 만들어라.

회사에게 바라는 구직자의 의견 07

↗직장의 인력수급 현실

앞서 말한 평생직장의 시기는 갔다. 우리는 우리의 몸값을 스스로 높여 가야 한다는 말이다. 내가 볼 때 직장이 없어서 못 가는 것이 아니다. 직장은 많지만 서로의 눈높이가 맞지 않아 서로가 만나지 못하는 경우가 더 많다고 한다. 지원자 1명을 뽑는데 10명을 면접을 봐도 뽑을 사람이 없다고 하는 게 회사다. 구직자는 또다시 다른 곳, 새로운 곳을 찾아 지원하게 된다. 이직은 단순히 구직자만의 노력으로 되는 것도 아니고 회사가 원하는 적합도 있는 사람을 잘 채용해야 한다는 숙제도 있는 것이다. 서로의 매칭의 점수가 시너지 효과를 낼 수 있게 서로서로 노력해야 한다는 것이다.

✐ 회사 집단의 구조부터 이해하라

회사는 이익집단이라고 했다. 달면 삼키고, 쓰면 뱉어 버리는 냉철함을 가지고 있는 곳이 바로 직장, 우리 회사다. 회사에 소속되어 있다고 해서 내 가족처럼 월급 주고 잘 챙겨 주겠지 하는 생각은 지금 이 순간부터 버려야 한다. 회사는 철저히 이익추구를 한다. 일을 못하는 사람에겐 바로 응징을 하고, 기대 이하가 되면 바로 버리는 카드를 쓰는 곳이 회사다. 그러니 어떻게든 버티고 살아남으려고 물고 뜯고 하는 정치가 존재하는 곳이 되어 버린 지 오래다. 우린 회사는 아니겠지 라는 생각은 버려라. 모든 회사에서 생존게임은 진행 중이다.

✐ 시간적 여유를 가지고 사람을 판단하라

여기서 내가 말하고 싶은 부분은 이거다. 직원을 채용했으면, 어떻게든 직원을 내 회사 사람으로 만들어 회사를 키워야 한다는 생각을 가져야 한다. 가령 경력직이라도 회사에 적응하는 시간과 성과를 내야 하는 시간을 줘야 한다는 것이다. 급하다고, 성과가 안 난다고 사람을 바꿔버리는 순간 그 회사의 미래는 없다고 봐야 한다. 경영자는 기다릴 줄 알아야 하고, 성과를 낼 수 있도록 지원을 해야 한다. 하지만 바로 버리는 카드를 사용하는 순간 직원은 또 이직의 길로 갈 수밖에 없다.

여기서 회사는 어떻게 생각할까? 지원자는 많고, 일하려는 사람은 많다고 생각한다. 내 회사의 문제점이 무엇인지도 모른 채

새로운 사람을 찾고 또 채용을 한다. 이게 반복된다면 그 회사에 발을 들여놓을 필요가 없다.

↗직장에 고함

한 회사의 경영자분들에게 하고픈 말이 있다. 위에서 말한 것처럼 구직자를 채용하는 가운데 신중함을 보였으면 한다. 회사는 사람을 개개인, 일하는 개미처럼 바라볼지 몰라도, 그 사람에겐 평생을 좌우하는 인생의 한 부분이라는 것을 말이다. 사용하고자 했으면 믿고 권한을 주고, 회사에 적응하고 성과를 낼 수 있도록 동력원이 되어 주어야 한다. 기다려 주지 않고 단기간에 성과를 내야 한다는 사고는 버려야 한다. 과거, 일이 평준화되고 지식이 많지 않았던 시절엔 단기간 성과가 가능했을지 모른다. 하지만 현재는 모든 지식이 일정 수준으로 올라와 있고, 누구나 조금만 습득하면 금방 상향 평준화가 되는 현실이다. 그만큼 더 고민하고 싸워서 이기기 위한 전략이 필요한 것이다. 이는 단기간에 나오지 않는다. 회사의 시스템을 익히고 문화를 익히면서 자연스럽게 올라갈 수 있다고 본다. 그럴수록 경영자는 믿고 힘을 실어 줄 수도 있어야 한다. 기다려 주고, 성과를 낼 수 있도록 100% 지원을 해주었으면 한다.

↗회사의 정보를 투명하게 하라

회사는 직원에게 회사의 방향성을 투명하게 알려 줄 필요가 있다. 말하지 않고 있다가 직원의 뒤통수를 치는 일은 없어야 한다. 투명하게 말한다고 해서 회사에 절대 피해가 가지 않는다. 오히려 그렇게 해준 회사에 고마움을 느끼게 해줄 것이다. 내가 다닌 회사의 법인을 접는 일이 발생했었다. 이때 한 경영자는 솔직하게 사업 종료 기한도 알려 주고 투명하게 모든 것을 오픈해 주었다. 이렇게 했을 때 오히려 고마움을 느끼고 감사함을 전했다. 그렇지 않고 만약에 사람을 다른 곳을 이동시키고, 돌리다가 마침내 갑자기 나가라고 했을 때, 그 회사에 대해서는 배신감만 들 것이다. 주변에서 이와 유사하게 일어나는 일들이 많아서 회사를 선택할 때 정말 신중해야 한다. 회사에서 일어나는 일은 직원에게 투명하고 알기 쉽게 설명하는 자세를 가졌으면 한다.

↗우리 구직자는 이런 회사를 원한다!!

이직하면서 느낀 건 하나다. 회사는 절대 직원을 위해 존재하지 않는다. 톱니바퀴가 되어 열심히 일해주기를 바란다는 것이다. 회사가 채용하는 사람에게 기대하는 수준이 있다면 가감 없이 말해주어야 한다. 그리고 그 직원이 목표를 향해 갈 수 있도록 힘을 실어주었으면 한다. 경영자는 말 그대로 회사 전체의 방향성과 목표를 제시하고, 밑에 있는 직원이 앞으로 나갈 수 있도록 지원을 해주었으면 한다. 작은 회사의 가장 큰 문제점이 바로 경영자가 실무에까지 간섭하고, 작은 것 하나하나 고치려 들려고 하는 것이다. 이런 회사는 절대 더 큰 그림을 그릴 수 없다.

전체의 판을 그리고, 거기에서 잘 굴러갈 수 있게끔 믿어 주며, 추진력을 불어 넣어 줄 수 있는 회사가 이상적인 회사인 것이다.

이제 시작이다.
두려움 따위 던져버리자

↗ 이직은 현실이다

이제 이직하지 않고 살아가는 시대는 끝났다. 직장은 새로운 사람을 통해 회사에 이익을 도모하고, 구직자는 새로운 직장을 통해 보다 높은 이상향을 찾으려고 한다. 예전처럼 한 직장에서 꾸준하게 있는 우물 안 개구리가 되지 말고, 더 넓은 세상을 향해 도전해야 한다.

↗ 이제 준비가 되었다

회사 생활을 하면서 우리는 이직이라는 방향전환의 기회와 만나게 된다. 방향전환이란 내 사고와 틀을 기존 회사에서 벗어나 새로운 환경을 맞이하게 된다는 것이다. 내가 준비되고, 내 생각이 더 큰 이익을 얻어야겠다고 마음먹으면, 내가 제시한 기준들의 조건을 하나하나씩 달성 하면서 이직하기를 바란다.

이직은 직장인의 트렌드지만, 세월, 시간적 트렌드는 변함이 없기에 언제나 이직 타이밍은 우리가 직면하고 있는 시점이라는 것을 알아야 한다. 이직을 절대 쉽게 생각해서는 안 된다. 쉽지 않은 길을 택하기 위해서는 아래 큰마음을 먹고 선행되어야 할 마음가짐이 있다.

〈이직을 이제는 실행하라〉

1. 이직을 두려워 하지마라.

- 이직은 위에서 말한 직장인의 필수이기에, 이직을 더 이상 숨기거나 두려워해서는 안 된다.

2. 매 순간 내 길을 닦아라.

- 이직을 위해서는 지금 나의 업무와 능력개발에 최선을 다해야 한다.

3. 건강은 이직, 그리고 모든 일에 우선이다.

- 내 건강을 잃는 순간 모든 것은 물거품이 된다. 건강이 세상 그 무엇보다 중요하고, 건강을 지켜야 내 이력을 멋지게 만들 수 있다는 것을 명심하라

4. 내 평판을 최고로 만들어라.

- 내 평판점수를 100점을 목표로 하라. 직장 생활에서 평판은 내 평가의 전부가 될 수 있다. 아무리 일을 잘해도, 사람에 대한 평가가 좋지 않다면 점수는 낮게 책정될 수 있다. 모든 일에 조심하고 사람에 대해 실수하지 않도록 하자.

5. 나를 정확히 파악하라.
- 내가 나를 알아야 남을, 지원하는 회사를 파악할 수 있다. 내가 나를 알아가는 시간을 가지되 내가 과연 어떤 사람인지를 잘 알고 도전하자.

⤴우리는 생존을 위해 나아가고 있다

직장 생활은 생존이라고 했다. 자의적, 타의적으로 직장에서 생존하는 확률은 50%다. 이 모두를 경험해 본 나는 직장의 생태를 누구보다 잘 알고 있다고 생각한다. 직장에서 생존하는 가장 좋은 방법 중 하나는 바로 회사의 목표를 따르고, 경영자의 말과 행위를 존경하는 것이다. 회사에 충성하라는 것이다. 회사에 충성하라는 것은 바로 내 생각을 어느 정도 내려 좋고 회사 목표에 순응하고 경영자의 운영방식을 따르라는 것이다. 내 생각을 완전히 내려놓을 수는 없지만, 경영자에 반하는 말과 행동은 절대 좋지 않다. 이는 바로 경영자의 말에 순응하고 따르라는 것이다. 그렇게 됐을 때 내 생존의 수명을 늘어 날 것이다.

이는 내가 최근에 느끼고 신중하게 생각하는 항목이다. 경영자의 말에 물음표와 반문이 생기는 순간 경영자는 내 눈과 얼굴을 바라볼 것이다. '내 생각과 다르네. 내 방향과 맞지 않네.'라고 말이다. 생존을 해야 하는 우리 직장은 서로가 살아남기 위해, 내 수명을 늘리기 위해, 가까운 사람에게도 마다하지 않고 나를 위한 정치를 한다. 이게 수면 위로 드러나지 않는 직장 생활의 생존법칙이기 때문이다.

생존은 바로 우리의 이직을 통해서 끈질긴 목숨을 연장해 가고 있다. 더 이상 버티기 힘들고 죽을 것 같을 때 우린 '회사를 옮길까'라고 생각한다. 그리고 좋은 조건의 제안으로 회사를 옮길 수 있는 기회도 생길 수 있다. 내가 어떻게 하느냐에 따라서 내 운명은 변화될 수 있다. 생존하는 기술도 필요하고, 이직을 통해 내 생존수명을 늘려가는 것도 반드시 필요하다. 직장인들이여, 직장 생활 절대 길지 않고, 죽을 때까지 하지 않는다. 기회가 있을 때 옮기고 잘 옮겨서 더 좋은 환경과 경제적 이득을 취해야 한다. 또한 짧고 길게 내 수명을 늘려 가야 한다.

⌒내 가치를 인정하고 높여서 모두 이직에 성공하자

내가 이야기하고자 하는 것 중 중심은 바로 '나'를 바로 알아야 이직도 성공한다는 점이다. 모든 것은 내가 중심이고 내 가치를 내가 먼저 알아야 한다. 잘 생각해보라. 내가 나를 모르고 어떻게 큰일을 할 수 있겠는가. 이직도 마찬가지다. 앞에서 말했듯. 내가 말하는 것의 모든 중심은 나를 알고 나를 시장에 내놓으라는 것이다. 이직에도 시기가 있고, 운도 있어야 하며, 기회도 있어야 한다. 복합적으로 얽혀 있는 문제이며, 언제 내게 기회가 주어질지는 아무도 모른다. 바로 내가 생각하고 선택한 일들이 내 눈앞에 펼쳐질 것이다. 내가 한 말 한마디가 내 주변 사람들에게 천금 같은 말이 될 수 있고, 반대로 내 말 한마디로 인해 내 가치가 나락으로 떨어질 수 있다.

이는 내 가치가 내가 보고, 듣고, 말하는 데 모든 영향을 미친다는 것을 알 수 있다. 이직을 할 때, 그리고 사회생활을 할 때 정말 중요한 포인트가 될 수 있다. 회사 생활을 하면서 나에 대한 평가와 가치를 주변 사람이 만든다. 이는 내 행동을 통해, 내 말을 통해서 평가를 하게 되기 때문이다.

⌒ 우리는 이미 이직에 성공했다

여기까지 오는 동안 나를 위해, 생존을 위해, 이직을 위해 그리고 회사 생활을 어떻게 해야 하는지에 대한 많은 이야기를 풀어냈다. 나 중심에서 한 번 더 생각해야 할 것은 바로 '자신감'이다. 안 된다고 생각하지 말고, 되게끔 생각하고, 이미 되었다고 생각을 하자. 그래야만이 내가 할 수 있는 이직의 문턱을 뛰어넘을 수 있다. 안 되는 것 절대 없다. 되게 하기 위해 얼마만큼 고민하고 노력했는지가 중요하다.

정말 고생했고, 이직을 위해 고민하며 강한 나를 만들기 위한 과정을 따라오느라 정말 고생이 많았다. 여러분은 충분히 자격이 있고, 이직도 성공적으로 만들어 갈 수 있을 것이다.

북큐레이션 • 당신의 비즈니스를 새롭게 바꿀 라온북 추천 실용도서

《이직의 기술》과 읽으면 좋은 책. 경기침체와 불황을 극복하고 성장 동력을 찾아내는 원동력이 되는 라온북의 도서를 소개합니다.

판을 바꾸는
질문 경영 챌린지

300% 질문 경영

박병무 지음 | 13,500원

생존을 위해 300% 성장하는 경영의 핵심 노하우가 실린 실전 지침서

이 책은 핵심을 꿰뚫는 리더의 질문은 능동적이고 생산적인 회의 분위기를 만들고 리더의 경청과 인내는 기업 문화를 바꾸어 마침내 경영 프로세스의 체질까지 바꾸는 혁신으로 이어질 것임을 보여준다. 그리고 그 솔루션인 질문 경영 전략을 제시하고 있다. 괄목할 만한 기업 생산성과 효율성의 향상을 꾀한다면 대기업, 중소기업을 막론하고 조직혁신의 지름길인 질문 경영 프로세스로의 리셋 작업을 서둘러야 한다는 것을 이 책에서 질문 경영 성과 사례들을 통해 피부로 느낄 수 있을 것이다.

혁신을 가져오는
'3P' 영업 비법

300% 강한 영업

황창환 지음 | 14,000원

내 기업의 강점은 살리고 매출을 올리고 싶은가? 강한 기업을 만드는 강한 경영자가 되는 비밀을 담았다!

3년 적자 기업을 신규 고객 창출로 흑자 전환한 경험, 2년 만에 40개가 넘는 신규 지점을 개설한 경험, 폐점 직전이었던 매장의 영업 실적을 50% 이상 증대시킨 경험, 정체되어 있어 있던 매출을 두 자릿수로 성장시킨 경험 등 저자의 실제 영업 성공 사례와 생생한 노하우를 한 권에 담아냈다! 언제 어디서나 기업에 혁신을 일으킬 수 있는 영업 비법을 손에 쥐고 싶은가? 시대와 시장의 흐름에 영향받지 않는 지속적인 매출과 경영 성과를 얻고 싶은가? 그렇다면 지금 당장 강한 기업이 되기 위한 첫 번째 관문, 바로 '강한 영업'을 시작하라.

비욘드 리세션

이석현 지음 | 25,000원

전 세계적으로 엄습하는 경기침체의 파고를 넘어
또 다른 성장의 기회를 잡아라!

이 책 《비욘드 리세션》은 그런 면에서 기업 CEO들이 나무가 아닌 숲을, 눈 앞의 포말이 아닌 멀리서 다가오는 파도의 흐름을 바라보며 대비하게 해주는 책이다. 분명 곳곳에 경기침체의 징후들이 가득하며, 이에 대비해야 하지만, 위기의 파고를 넘었을 때의 성장 동력을 재무장하는 방법이 이 책 《비욘드 리세션》에는 함께 제시되어 있다. 동전의 양면을 둘 다 놓치지 않는 지혜가 이 시대 기업인들에게 더욱 요구되는 것처럼, 경기침체와 그 극복 후의 성장과 반등을 동시에 생각할 줄 아는 혜안이 이 책을 통해 길러지리라 생각한다.

경기 침체와
기업의 대응 전략

턴어라운드 4.0

이창수 지음 | 17,000원

하이 아웃풋(High Output)을 만들어
기업의 턴어라운드를 발생시키는 전략 통찰법!

《턴어라운드 4.0》은 기업의 멋진 항해를 도와주는 도구인 환경과 시스템을 구축하기 위해 기업과 경영인이 갖춰야 할 전략과 통찰을 정리한 책이다. 저자의 30년의 경험이 녹아 있는 기업의 턴어라운드 프로세스는 언제 사라져도 이상하지 않은 부실기업을 '강력한 기업'으로 재탄생시켜줄 수 있는 비결을 상세히 알려준다. 어려운 상황에서도 기업의 성공과 발전을 달성할 수 있도록 미래를 정확하게 예측하고 철저히 기획하는 데 이 책이 큰 도움이 될 것이다.

불황을 돌파하는
비즈니스 전략 통찰
34가지